これからの建築

スケッチしながら考えた

光嶋裕介

THE
FUTURE
OF
ARCHITECTURE

これからの建築　スケッチしながら考えた

光嶋裕介

プロローグ

建築家として働くこと

建築の希望を見つけるべく、さまざまなテーマで「これからの建築」について考えた文章をここに書いていく。同時に、スケッチを描くつもりだ。そうした文章やスケッチの断片が空間に宿った建築の意志を発見し、ひとりの建築家としてのマニフェストになるのではないか。そんな想いを胸に、筆を進めてみたい。

五足のわらじ

ひょんなことからカメラの前に立って、英語で建築を案内したりするようになった。「NHKワールド」の『J-Architect』という世界発信の月間番組（二〇一三年四月〜二〇一五年三月）のMCを務めるようになり、撮影も月に一、二度なのだが、半年が経過してもレンズを向けられると居心地が悪くて慣れないものだ。しかし、安藤忠雄や槇《まき》文彦、伊東豊雄、隈《くま》研吾といった日本を代表する建築家たちに直接逢ってインタビューをさせてもらうのは、私のような駆け出しの建築家にとっては、またとない贈りものである。

よく「二足のわらじ」という言い方をする。私はじつに多くのことを仕事にしている。建築設計事務所を主宰していることからはじまり、大学に所属し教育に携わりながら、深夜には創作のためにドローイングや銅版画、シルクスクリーンをやって年に一度の個展を東京と大阪の画廊で開催したかと思うと、依頼された原稿を書いては、こうして本を出版させてもらっている。これでは、「五足のわらじ」といったところか。

なにも自分の仕事自慢がしたいのではない。互いにまったく関係ないようなこれらの仕事を貫いているのは、「建築家である」ということ。クロスボーダーに働く根底にあるのは、この建築家という私のスタンスであり、ごくごく自然とこうなった。なぜかといえば、建築という領域は、「みんな」に深く関係しているからだ。つねにひとと接しながら仕事をしている。この「みんな」とは、すなわち社会そのものである。

そんな社会の鏡として、建築は建ち上がるのではないか。とすればその建築を設計する建築家は、自身がその社会の一員として魅力的であり、役に立たなければならない。そうでないと、建築の空間に込められたメッセージもまたひとを感動させることはおろか、だれの心にも響かないだろう。

だから私は自分のできることすべてにおいて、建築を中心に据えたいと常々考えている。建築に対して全力投球しながら多様な仕事にチャレンジし続ける。建築を設計するということ以外に、学生に設計を教えることや、空間を模索しながら絵を描くこと、執筆、あげくにはテレビに出ることも自分のなかで一切の優劣をつけることなく、すべてを同じフィールドとして捉えながら、日々働いている。当然だが、学生なくして教育は成り立たないし、読者なくして書籍はうまれない。クライアントなき建築が存在しないように、何事もひとを介してなにかがうまれるという構造において、建築家としてもできるだけ多くのひとと接続しながら、集団的創造力を高めたい。

かのレオナルド・ダ・ヴィンチ（一四五二～一五一九）が万能の芸術家として建築のみならず、絵画、彫刻、数学、解剖学、発明でも多大な功績を残しているように、西洋において建築家の社会的地位は、医者や弁護士と並び称されていた。それだけの存在感と哲学が建築家たちにはあった。

十九世紀末のウィーンで活躍し、ガラスを巧みに生かした傑作《ウィーン郵便貯金局》をつくったことでも知られる建築家にオットー・ヴァーグナー（一八四一～一九一八）がいる。彼が、のちにモダニズムの礎《いしずえ》になるような未来への建築論として書いた『近代建築』（中央公論美術出版）という一冊がある。その第一章を「建築家」と題し、記念すべき著作をこのように書き出している。

「建築家は、理想と現実をみごとに調和させた近代人の冠位にある者と讃《たた》えられてきた」

建築家が社会に貢献できると確信したヴァーグナーの言葉には重みがある。

第二次世界大戦後に経済が貧窮するフランスで住宅不足になったことに対して、ル・コルビュジエ（一八八七～一九六五）は自らデモの先頭に立ち、建築家であるより前に運動家として社会に対して存在感を発揮した。そして《ユニテ・ダビタシオン》という革新的な集合住宅をのちに完成させている。

このように建築という大きな世界が内包し得るものは無限であり、建築家はあらゆるものとコミットする可能性をつねに持ち合わせている。文化を更新するのだ。だからこそ、社会のことをよくよく観察し、あらゆる場所で、多様な他者と交流できる体力と知性を兼ね備えたい。

「建築家」という職業との出逢い

さて、自己紹介をしよう。

私の名前は、光嶋裕介。一九七九年、日本が高度経済成長で右肩上がりだった頃に遠くアメリカの東海岸、ニュージャージー州で生まれた。三兄弟の真ん中で、近所のキンダーガーデンに行く頃から「ブライアン」というミドル・ネームを父につけてもらった。GMのベージュのビュイックに乗って、家族でよく出かけたマンハッタンの摩天楼は、お馴染みの風景。とくにアール・デコの《クライスラー・ビルディング》がお気に入りだった。

家のなかでは日本語を話し、一歩外に出ると英語で会話するという環境で八歳まで育つ。兄の影響でボン・ジョヴィをよく聴いていた。小学校二年生のとき、突然奈良に帰ってきた。金髪と青い眼のアンジェラやベンジャミンらに囲まれていたのが、いつしか関西弁を話すわんぱくな友人たちに替わっていた。しかし、小学校卒業とともに父が再度海外勤務になり、カナダのトロントに移り住むことになる。

二度目の海外生活は、不安よりも期待が大きく、世界が一気に広がったように思えたのをはっきり覚えている。忘れかけていた英語も自然と生活のなかで再習得し、数学と図工と体育の授業でクラスメイトから一目置かれるようになっていた。ベースボールやバスケットボールでスクールチームに選ばれ、友だちが増えてきた矢先の中学三年生のとき、今度はイギリスのマンチェスターへと、また転校。

野球好きで、クリーンナップを打ちながらキャッチャー、バスケはシューティング・ガードだった中学生は、突如サッカー（イギリスでは、「フットボール」という）の世界に戸惑った。言葉も同じイングリッシュのはずが、英国なまり（むしろこちらが、アメリカン・アクセントなのだが）が肌に合わず、早々に高校受験のためひとりで帰国することを決断した。そして、埼玉県の北部にある高校で三年間を過ごした。大学の付属高校ということもあって、大学受験をすることなく、のびのびと高校時代を過ごすことができたことは、いま考えれば大きなことだったように思う。

具体的には、バスケ部で毎日バスケットをしながら、美術部にも籍を置いて、陶芸や銅版画などを放課後にやらせてもらい、自分の関心のあることを無邪気にどんどん開拓していった。写真部にも在籍して、白黒写真の現像なども経験し、秋の文化祭では、バスケ部の友人たちとバンドを結成し、グリーン・デイやハイ・スタンダードといったロックのコピーバンドもやったりした。

そんななか、美術の先生との進路相談において、「建築家」という職業のことを教えてもらったのが、すべてのはじまり。先生は、「ひとの命を守ることができる建築は、芸術の頂点である」という主旨のお話をされ、私は、すっかり建築家を夢見るようになった。

大学生になってからは、授業にも出たが、私にとっては、旅こそが建築の先生だった。イタリアンレストランでアルバイトをして貯めたお金で毎年夏にバックパッカーとして、世界の建築を見て巡った。このときのことは、前著『建築武者修行』（イースト・プレス）に詳しく書いたので、ぜひ読んでもらいたい。大学院を修了後、ドイツのベルリンの設計事務所で四年弱働いて、三十歳までに独立したいという、なんの根拠もない夢を叶えるべく、二〇〇八年に帰国。その年の秋、仕事の依頼もないなか、光嶋裕介建築設計事務所をスタートさせた。紆余《うよ》曲折があり、《凱風館《がいふうかん》》という処女作を機に、徐々に仕事のご縁もいただき、年間一、二軒のペースで木造住宅を中心に設計しながら、もうすぐ独立から八年の年月が経とうとしている。

わからないからこそ語りたい

そんななか、二〇一三年に、大きな事件が起きた。

七年後の二〇二〇年、オリンピック・パラリンピックの東京開催が正式決定したのである。

正直、私は複雑な気持ちになった。世界のトップ・アスリートたちの競技を見たり、海外から多くの観光客がこの国に来ることを想像したりするだけでも楽しいし、新しい建築がうまれる大きなチャンスであることも事実だろう。しかし、東北の震災復興もままならないうえに、果たして商業主義的モンスターと化した五輪をいまの東京で開催する意義が本当にあるのだろうか、と自問した。そもそも、近い将来こんな東京になりたいという多くのひとと共有すべき新しい都市のビジョンが示されているだろうか。

決定的に「時間」の問題が抜けているのではないか。

ここで、「これからの建築」を考えるにあたって、わざわざ「これから」と付けたのもまた、時間こそが、私にとっての大切なテーマであるからだ。それがオリンピックのような大きな祭典であればあるほど、もっと波長の長い時間軸で物事を考えないといけないのは当然のことだろう。にもかかわらず、短期的に収益を最大化するという経済効果にばかり浮かれていて、時間軸の長い骨太な議論が全然聞こえてこない。

具体的には、二〇二〇年のオリンピックという「未来」を想像し、なにがしかを創造するには、歴史を参照するところからはじめるのが筋だと思う。札幌（一九七二）や長野（一九九八）で行われた冬季オリンピックや、一九六四年の東京オリンピックの際に建設された施設の検証とその後も含めた成功と失敗を時代背景とともに考察しないといけないはずだ。

丹下健三《たんげけんぞう》の設計した《代々木体育館》が、半世紀以上経ったいまもなお竣工当時のまま利用可能であることは、建築の強靭《きょうじん》な力にほかならない。国家を挙げてつくる五輪建築は、一発の打ち上げ花火であってはならない。

また、これからの社会のあり方をしっかりと提示しないで、ただキラキラしたコンピュータ－グラフィックの絵に描《か》いた餅のような建築を想像することより、二〇二〇年の一大イベントを思考するうえで、さらに先の未来、二〇三〇年、二〇五〇年になったときからの視点で、二〇二〇年の東京五輪開催のもち得る意味を射程の広い時間軸で検討しなければならないと思っている。

ここでは私が建築家としていま、なにを考えているか、これからの建築はどうあるべきかを自分なりにいろいろと具体的に突き詰めて言語化してみたい。言葉がないはずの建築と、形のない言葉の世界を架け橋すること。言語化困難であるが故に、そこには甘美なる無為とでもいえる豊饒《ほうじょう》な可能性が横たわっていると私は信じたい。

再度いうが、建築家として働き出してみて、わかったことより、わからないことのほうが多い。建築の本質がもつ多面的な輝きは、一筋縄には理解できず、なかなか捉えどころがない。しかし、それをわからないから黙っているのでは、なにもはじまらない。むしろ、わからないからこそ語りたい。わからないままにしないで、その想いを膨らませて、知りたいのである。深く潜り、掘り進むことを、ためらいながらも語ることで空間との対話がうまれ、同じ山脈を違ったルートから登っている同志と出逢うことがある。

建築家にとって理論と実践のバランスは、とても大切なことだ。魅力ある未来を創造するために、歴史を参照し、現在《いま》を徹底的に考え抜きたい。ヴァーグナーのいう〝理想と現実の調和〟をめざして。

目次

第一話

大工の言葉

私たちは、言葉を介して他人《ひと》と交流している、と錯覚していないだろうか。もし、コミュニケーションの大部分がじつのところ非言語的に交わされているとしたら、どうだろう。言語の枠を超えた身体感覚に対して自覚的であれば、きっと言葉を発しない建築とさえも対話が可能である。

人生、はじめてのインド

ボロボロに汚れた黄色いシャツを着た少女が、小さな拳《こぶし》で停車中のタクシーの埃《ほこり》っぽい窓ガラスを小刻みに叩いている。ふと目をやると、彼女はおもむろに路上でダンスをはじめた。細い手足を一生懸命に回したり、狭い車と車の間を器用に飛び跳ねたりしているではないか。なにがなんだかよくわからず感心しながら見入っていると、インド人のタクシードライバーが小声で言った。

「Don't look, and lock the door（見るんじゃない、ドアの鍵もかけなさい）」

そうか、路上生活者である物乞いの家族が信号待ちのタクシーを狙って、無垢《むく》な子どもたちに芸をさせているらしい。もちろん、小銭を稼ぐためだ。何日間も水浴びをしていない少女の顔と体はえらく汚れているものの、乾いたインドの光が反射して、その瞳は黒く深く輝いていたのが印象に残っている。私は車の窓を開けずに目線をゆっくりと前方に逸《そ》らしてしまった。

人生、はじめてのインドは予想通り、衝撃的なものだった。そこには、なにからなにまで日本の日常と違った世界が広がっていた。この旅のために、学生時代に読んだ堀田善衛《ほったよしえ》の『インドで考えたこと』（岩波新書）を本棚の奥から引っ張り出して、持参した。半世紀以上も前にひとりの小説家がこの地を訪れた際の思考の痕跡《こんせき》をなぞってみたかったからだ。

「人々が、この世の中について、人間について、あるいは日本、または近代日本文化のあり方などについて、新しい着想や発想をもつためには、ときどきおのおのの生活の枠をはずして、その生活の枠のなかから出来るだけ遠く出て、いわば考えてみたところで仕方のないような、始末にもなんにもおえないようなものにぶつかってみる必要が、どうしてもある、と思われる」

私も理由があって、異国の地に来た。インド国内最大規模の国際見本市における日本館のなかに出展する畳屋さんのために、私は小さな小屋を設計し、建設することになったのだ。三メートル四方の畳の小上がりをつくり、片側にはベンチもついている小さなパビリオンである。

このパビリオンはデザインすることよりも、建設することのほうがよほど難しかった。なんの変哲もない木造の小さな東屋《あずまや》なのだが、最初はインドという国にどのような木材があるのかさえわからなかったし、インドの職人たちの腕がどんなレベルにあるのかも当然知らなかった。そこで、日本で一度つくってから、分解し、インドまで輸送するという手段も考えたのだが、時間がかかるうえに、コストも高くなってしまうため断念。結局、インドで調達できる木材を現地で加工して、つくることにせざるを得なかった。しかし、職人の技術レベルに対する不安が払拭《ふっしょく》できなかったので、現地コーディネーターと交渉し、こちらから日本の大工を一人手配することを約束した。

共通言語は、言葉だけじゃない

Mさんは、棟梁《とうりょう》として住宅はもちろんのこと、神社仏閣などの難しい木造建築を得意とする若い大工さんだ。私が神戸に設計した住宅《如風庵《じょふうあん》》の工事中の現場でお世話になったご縁で、助っ人としてインド行きをお願いしたら快く承諾してくれた。しかし、不安げな顔で「私、英語は全然しゃべれませんよ」と言うMさんに、向こうに通訳スタッフがいるから心配ないと伝えたのだった。

出発の日。いきなりのエンジントラブルで飛行機がなかなか飛ばず、インドのデリー空港に着いたのは、予定より数時間遅れの夜だった。しかし、一週間前から現場入りしているMさんの作業具合が気になっていたので、ホテルではなく、まずは現場に直行した。すると、薄暗いなか、職人さんたちは、いくつかの裸電球の下で夜を徹して作業していた。開催二日前ということもあり、現場も深夜とは思えないほど活気づいている。

畳のパビリオンは、ほぼ完成していた。じつに丁寧な仕事ぶりに正直驚いた。無造作に釘が見えたり、木材の表面がささくれ立っていたり、納まりが図面と違うことも一切なかった。Mさんも一〇人くらいの職人を緩やかに束ねて、棟梁として輪の中心にいながら生き生きと働いていた。しかも、ほとんど言葉を発していないことに、ふと気づく。

すべて自身でやってみせている。なにごとも実際にお手本を見せることで、インドの職人さんたちは、それを見よう見まねで、作業を進めていた。

道具ひとつにしても、日本から持ってきたL形の金差しや何種類ものノミに感心しているようだった。どのように木材に線を引き、どうやって切り刻んでいくか、どう刃を研ぐかなど、一挙手一投足を見逃すまいと真剣な眼差しがMさんに注がれていた。

異国の地に来ても、英語などまったく必要ない。共通言語というものは、なにも言葉だけじゃないと、このときリアルに実感した。

国際見本市のため設計した畳のパビリオン（上）と作業風景（下）

「からだはいつも呼びかけている。人は生活の中で、自分で気づかずに、さまざまなしぐさによって、自分のいる状況と自分の生きようと欲する方向のしるしを現している」

(『思想する「からだ」』、晶文社)

これは、演出家の竹内敏晴《としはる》の言葉だが、じつに示唆に富んでいる。

言葉以外にも通じ合える喜び

Mさんは英語ができなくても、インドの大工さんたちに対して無言のうちに、たくさんのメッセージを送っていた。むしろ、彼の「からだ」そのものが大工としての生き様を自然と発信しており、その正確な仕事ぶりが、言語を超えたたしかなコミュニケーションとして成立していた。

思えば私も中学生のときに父の転勤でカナダのトロントに住むことになり、現地の学校に行くことで急に環境が変わって困っていた。アメリカでうまれたので少しは英語ができたものの、突然日々の生活をすべて英語にすることは、十二歳の私にとっては、大きな挑戦だった。しかし、とにかくがむしゃらに毎日を過ごしていたら、身近なところに答えがあった。野球と絵と九九だ。つまり、体育と図工と数学の授業が私を救ってくれた。

スポーツやアート、計算は、なにも英語が話せなくても、充分にコミュニケーションが成り立つことを体験として知ったのである。体育の時間や放課後に一緒に野球をすることで、少しずつ友だちができていったし、いつしかベースボール・カードを交換したり、一緒に球場に試合を見に行くようにもなったりした。また、図工や数学の授業でも、絵を上手に描いたり、九九のおかげで暗算が速かったりしたことで、英語の通じないカナダの子どもたちとも少しずつ意思疎通ができるようになったのが、なにより嬉しかった。言葉以外にも通じ合える喜び。そうして仲良くなった友人たちと学校のカフェテリアでランチを食べるようになり、英語を実践的に教えてもらったりもしたことで、耳が次第に英語に慣れていき、いつしか言葉もちゃんと通じるようになっていた。

結局のところ、ひととひとが繋がるためには、なにかの架け橋が結ばれなければならない。ただ、それが言葉だけではない、ということをインドでMさんに教えられた。道具の使い方や建物のつくり方はもちろんのこと、その身振りから垣間《かいまみ》見えるひととなりこそが「大工の言葉」ではないか。

建築の放つ言葉

コミュニケーションは、発信側にどうしても伝えたいメッセージがあり、受信側にその情報にアクセスしたい、という両方向の歩み寄りがあって、はじめて通じ合う。双方における積極性が求められるもの。互いにコミットしたいと思う切実な気持ちが、ツールの精度なんかよりも、よほど重要なのである。

であれば、建築の放つ言葉とは、いったいなにを表現し得るのだろうか。

権力、秩序、美学、希望、調和、安心、霊性、信仰などいくつものメッセージがブレンドされた複合的なもの？　たしかにそれもあるのだろう。また、建築空間には、スケールや素材、光に音まで、五感を刺激する多様な物語が重層的に埋め込まれている。これらも、建築の放つ言葉にちがいない。しかし、多様なもののグラデーションでつくられる建築において、もっとも肝心なメッセージは、時間と関係しているのではないかと私は考えている。

つまり、建築が語り得る大きなメッセージは、過去からずっとそこに建っていたという「記憶の器」として、個別の物語を継承することではないか。模範解答など存在しないため、みんなが共通認識に立つことは難しいのかもしれないが、建築がある種の情報（物語）

を発信していることだけは、たしかだろう。

日々の生活の枠から遠く飛び出したはじめてのインドで、私は、このようにして建築の言葉について、考えた。

ところで変な言い方になるが、インドに出逢うには、いささか歳《とし》を取り過ぎたのかもしれない。モザイク状に人種が入り混じるインドの社会の貧富が二極化していくなか、三十四歳にして仕事でインドに行った私は、どこかショーケースのなかに入ったものの見方、ガラス越しに街を体験しているような感覚が強く残っている。

画家の横尾忠則《ただのり》は『インドへ』(文春文庫)のなかで、三島由紀夫から「インドには、人それぞれに行く時期が必ず自然に訪れる」といわれたことが渡印のひとつのきっかけとなったことを、印象的に書いていて、深く共感した。

私に「自然に訪れる」時期が、もう少し早かったらどうなっていたか。

二十代の学生時代にバックパックを背負い、自由にこの国を旅してみたかった。若いときに生身のインドを体験していれば、乾いたスポンジが吸収するようにきっと、まったく違うセンサーが反応したのではないか、といまでは叶わぬ想像をしている。

第二話

街の見た目

建築は、つねに周辺環境と相互に作用しながら存在する。街がもつ雰囲気は、それぞれの建築がつくり出し、そこに住まう人々の鏡である。街について考えるということは、それぞれの建築について考えることであり、また同時に、そこに住まう人々、あるいは共同体のあり方について考えることでもある。

山手線から見る東京

外国から遊びに来た友人に、東京を案内してほしいと言われると、必ずお勧めするのが、ＪＲ山手線を一周すること。方向はどっち回りでもかまわない。とにかく山手線の一番前の車両に乗ると、運転士さんの背中越しの特等席で臨場感あふれるスリリングな体験が待っている。一時間ちょっとで東京というメトロポリスがもつ万華鏡のように多様な表情が見られて大変面白い。

ある街をはじめて訪れると、その街で一番高い場所から俯瞰《ふかん》するというのが旅の鉄則だが、東京という都市には、水平連続移動によって見えてくる不思議なカオスがある。電車の線路が敷かれる論理は、それまでの街ができあがる都市計画のそれとはスケールの違うものであり、まさに都市のなかを鋭く切り裂いていく。それにより、たくさんの街の切断面が拮抗《きっこう》する状態が車窓から至近離感で見られ、まるで一本の映画を観ているようだ。

他方、表参道という道を自分の足で歩いてみると、次から次へと現代建築がショーケースのごとく建ち並ぶ光景が美しく迎えてくれる。白く透明な軽い建築からストイックで重いコンクリートの建築、メタリックな箱を重ねたようなデザインからけやき並木をモチーフにした有機的なデザインまで、日本を代表する建築家によるユニークな建築のオンパレードである。外国人スター建築家による黒くうねるような建築や、彫刻的なフォルムのガラス建築など、世界でも珍しいくらいの密度で名建築が建っており、さながら「現代建築のミュージアム」といった様相を呈している。こうした街の見た目について考えてみたい。

街の景観にコミットする

そもそも、街の見た目とは、だれのものなのだろうか。それぞれの建物には、所有者が存在するが、どのような外観をしているかについての責任は、いったいだれにあるのだろうか。

建築空間というものを、仮に壁や床、天井に囲われたものだと定義すると、建築にとっては、人間が入ることができる内部空間がなにより大切になってくる。それが、構造的に強くて地震や豪雨、強風などの自然の脅威からひとの命を守り、生活を営むための機能を合理的に成立させることが求められる。さらにその空間が美しいことで、豊かさが獲得されていく。

しかしながら建築がどのような装いで街に対して建てられているかは、内部での営みとは別次元の問題である。外部に対して、いかなる表情をしているかは、街の景観に深く関係する。内部空間における天井が無くなり、青空に替われば、それはオープンエアの都市空間になる。単体の建築の連続が街の見た目を決定するという意識を、いかにして、そこに住まう住民たちがひとつの共通認識としてもつことができるのだろうか。ファッションを参考にしてみたい。

私たちは一人ひとり違った顔をもち、身体をもつ。その特性をいかしながら、服を纏《まと》うことで他者との無言のコミュニケーションを図っている。男性であれば、スーツを着たり、デニムを穿《は》いたりすることで、自分がどのような人間であるか、もしくはありたいかを少なからず示している。自分の美学が問われているともいえるだろう。腕時計や靴からも少なくない情報がごく自然と発信されている。

建築もまた街に対して大事なメッセージを発している。そのとき、建築の所有者は街に対して、具体的には通りすがりの人々も含む、つまり社会に対して情報を発信しているのだ。それを少しでも自覚し、責任をもたなければならない。街の見た目は地元に対する当事者意識の形成が基本にあり、街の魅力は自らが想像力をもってつくるもの。街の景観に対してコミットし、環境を受け入れることからはじめるといいのではないか。物語はすべて、関係性のなかから創出される。

再度ファッションで考えると、制服のように「型」がある衣服は、自分の職業を他人に伝える役割を果たす。学生であるとか、警官であることは、そのユニフォームを見ればわかるように、建築もまたその外観によって、住宅であるとか、マンションである、オフィスである、学校であるといったことを伝えている。さらには様式によって建築はその時代性や権力を表象したりする。

先に述べた表参道の風景には、商業主義の勝ち組による仮装大会のような派手さがある。と同時に、一九六四年の東京五輪の際に道路幅が拡張されたことで、けやき並木の美しいゆとりある街路空間がうまれ、ひとを惹きつける街の雰囲気がしっかりとつくられてもいる。

絶対に変わらないことと、絶えず変化すること

一方、ヨーロッパの街並みは統一感があって美しいとよくいわれる。

統一感の美しいグラナダの街並み

それを可能にしているのは、市民一人ひとりにほかならない。アルハンブラ宮殿のあるスペイン南部の都市グラナダの街がもつ白くて調和のとれた美しい見た目は、そこに住まう高い意識をもった住人たちの賜物《たまもの》である。

また、私が長く生活していたドイツのベルリンもレンガ造りの建築が建ち並び、石畳の道路や街灯なども風情がある。見事な調和がとられ、成熟した市民によって愛される景観は、時間の経過と共により強度を増す。それらは、高さ制限や景観条例などの法的ルールによってそのベースが守られていることも特筆すべきである。制約のなかで街の景観が保存されながら、たしかに受け継がれていく。ただ、私は統一感があればいいと思っているわけではない。

ベルリンの魅力は、むしろその多様性にこそある。景観条例などにより、外装は念入りな修復や塗装が施されるものの、内部は比較的自在にリノベーションされていたりする。廃墟がお洒落《しゃれ》なカフェになっていたり、古風な漆喰《しっくい》の外観に対して、ガラスとメタルにバウハウス的な色を多用したクールなショップの内部空間になっていたりして、大胆なコントラストが魅力を増幅している。

住宅街などは経済合理主義による大きな変化を妨《さまた》げつつ、ポツダム広場などの中心部では新しい開発が積極的に進み、ガラス張りのハイテク高層ビルも林立する。この建築の新旧ミックスが街に奥行きのある表情を与え、時を経てゆっくりと更新されていく。絶対に変わらないことと、絶えず変化することが都市を上手に新陳代謝させ、時間をかけることで、市民によって愛される街に育っていく。ベルリンという街には、東西を分断する壁が永らくそびえ立っていたが、そうした負の歴史に対してもまた、道路に二列のレンガで線が引かれており、昔ここに壁があったことをまざまざと伝えている。

変わる建築と変わらぬ風景が街に違った時間を同居させていく。「ローマは一日にして成らず」、とは言い得て妙である。魅力ある街の景観は、建築の継承と更新を適度に続けながら、保たれる。つねに未完成であり続けるところにベルリンの魅力がある。

住宅が街に対して開かれているか

まず、街の見た目を形成するのに気をつけたいのは、家の姿形だろう。突拍子もないものは、周りとの調和を大きく崩しかねない。ある程度類似した形状が群を成すと美しいものである。次に大きさの問題がある。周辺の環境を威圧するような巨大なものは、街のバランスを悪くしてしまう。とくに道路の際《きわ》ギリギリまで建てられた大きな建築は威圧的なもの。敷地境界線と建物の配置の関係性からも街の印象は左右される。また、どのような素材を使って自分たちの家を装うかも大切な要素である。時間による経年変化があまりなく、ただ薄汚れていくだけの建材を使用してばかりでは、美しい見た目の統一感などはまったく期待できない。

そのうえで、先述の事項よりも大切だと私が思うのは、住宅が街に対して開かれているか、否かである。くり返すが、家の主にとっては、よほど内部空間のほうが大事なこと。そもそも家のなかにいると、外壁がレンガだろうが、漆喰だろうが、トタンだろうが、関係ない。日々の生活のなかで、内部から外壁が見えることはほとんどない。しかし、裏を返せば、自分から見えないということは、ひとからいつも見えているということでもある。

つまり、外観は街の問題であり、公共に属する問題として考える必要がありそうだ。家が開かれているということは、いかに地域社会に対して接続する回路を街の住人それぞれが持ち得るかという問題だ。なにか共有可能な接点をそれぞれの住人たちがつくる必要がある。たしかな帰属意識を形成しなければならない。

そのためには、高い塀などで建築を閉じないで、なるべくオープンであることが望ましい。そこになにか樹木を植えたり、ベンチを置いたりすると、小さくても庭が住宅と街との緩やかな接点となり、隣人たちとの対話を可能にするささやかな場所となる。

気楽に招き入れられる交流の場所を

思えば、私がうまれ育ったアメリカの東海岸ニュージャージー州の住宅街には、家の前にも後ろにも広い芝生の庭があり、そこが地域構成員としての一体感らしきものを緩やかにつくるきっかけづくりの場所となっていた。家の前は、近所のひとたちとのソフトな交流の場として、後ろには、もう少しプライベートな広い遊び場所としての庭がある。

前庭は、ちょっとした挨拶やおしゃべりに留まらず、よくお互いが芝刈りをしたりしながら、隣人とのつながりをうむ場所となっていた。バーベキューをしたり、ガレージ・セールをしたりするのは、プライベートとパブリックの境界線がグラデーションのように曖昧になる瞬間である。いまでは、防犯上の理由からアメリカでも高級住宅地など住宅街の周囲に頑丈な塀がぐるっと建てられ、（刑務所のような）検問所のあるゲーテッド・ソサエティになっていることも珍しくない。貧富の差が広がり、階層化する排他的な社会の抱える深刻な問題といえる。

日本のような狭い国土では、アメリカのように気持ちのいい芝生の前庭のある住宅街は現実的には難しいが、違った形で近隣住民とのささやかな交流の場を路地などで模索することはできる。かつての長屋文化のように、住まいを完全にプライベートに閉じるのではなく、土間《どま》などの玄関周辺だけでも一部、街に開くこともきっと可能だろう。

要するに、気楽にひとを招き入れられる交流の場所を家のなかで少し提供すること。そうしたささやかなことでも個々人で実践することから、親しみやすい街並みを自分たちで少しずつ築き上げていけないだろうか。むやみに洗濯物を表から見えるところに干さないという配慮や、家の周りの落ち葉掃きなど、互いに助け合って綺麗に保つことからも、街の見た目は大きく影響される。

住まい手不在の家は、一気に劣化していく

郊外における、空き家問題もまた街の見た目に深刻な影を落としている。家の主がいなくなってしまった空き家は、どうしても廃墟となってしまい、不気味な印象を周りに与えてしまう。ひとが住まい、手入れされることで家もまたはじめて生きるのであって、住まい手不在の家は、一気に劣化していく。

都市と郊外の問題や、家族の相続などの問題もあり、決してクリアカットな解決策などない。けれども、放置していては改善されることはない。少子高齢化で人口が減少しているいま、空き家は全国的に見られる切実な課題といえるし、さらなる悪化が予想される。

空き家を所有者だけの問題とせず、市町村も積極的に関与し、新たな仕組みづくりをすることが急務である。すぐに採算ベースや補助金といったお金の話になりがちだが、現在空き家となっている場所が、どのように活用できるのかを自治体レベルで考えるところからはじめてみてはいかがだろうか。ひとり暮らしの高齢者の集える場所や、共通に利用できる展示室、あるいは廃墟化した建物を取り壊して、地域のひとたちの共同ガーデンとして管理できれば、さぞ劇的な変化をうむだろう。

そうした取り組みの点と点が、線になり、着実な面としての広がりをもつ。しかし、こ

うしたことは、とても面倒なことだ。地域社会で連帯することは、ときにおせっかいなことかもしれない。それでも覚悟をもってアクションを起こすリーダーがまず先頭に立つことができれば、フォロワーが続き、システムが好転し、街の見た目はゆっくりでも改善されはじめていく。

瀬戸内海に浮かぶ直島《なおしま》諸島では、長らく産業廃棄物の不法投棄などで荒れていた島に、ベネッセコーポレーションの最高顧問である福武總一郎《ふくたけそういちろう》氏が二十年以上もの歳月をかけて、情熱と私財を投入し、安藤忠雄による美術館を建てたり、アーティストのジェームズ・タレル（一九四三〜）の芸術作品を設置したりして、アートの力で街をガラッとうまれ変わらせた好例もある。いまでは、芸術祭が行われたりして、世界中から多くの観光客を呼び込んでいる。日本の街並みが共同体の崩壊の表れだと思えば、ここでもやはり、アートを持続させる仕組みを地元の人々を巻き込みながらつくり上げたことは、特筆すべきであろう。

心のよりどころとなる風景

街に対して建築を開くためには、なにより街が安全でなければならない。安心な街をつくるには、各自の献身がどうしても求められる。パトロールを警察に任せるだけでなく、地域住民が自分たちの眼をつねに光らせることのほうがよほど効果的である。

都市活動家であり、都市研究家でもあったジェイン・ジェイコブズ(一九一六〜二〇〇六)は、車社会を前提として構築されたアメリカの近代都市計画を批判し、ひとが歩くことを中心に据えたまったく新しい都市論として『アメリカ大都市の死と生』(鹿島出版会)という名著を書いた。そのなかで、都市における「街路」の重要性を説き、治安についても次のように述べている。

「公共空間が文句なしに公共的で、私的空間や無用の空間と物理的に混じらない空間を確保して、監視の必要な領域が明確で現実的な限界を持つようにして、そうした公共街路空間がなるべく継続的に見られているようにすればいいのです」

街の治安を守るのは、警察だけではなく、むしろそこに住まうひとや、街の利用者、そこを通り過ぎるひとたちの「目」だと教えてくれる。そこかしこに防犯カメラを付ければいいわけではない。むしろ、自分の住まいをかまえることは、地域社会のメンバーに加入することでもある。そのことに対して、住まい手たちが、もっと自覚的でなければならない。共同体の大きな責任の一部を引き受けることが求められる。

「遠くの親戚より、近くの他人」というように、地域共同体の必要性は、災害時などに突然発揮されるものではなく、ときに不快かもしれない隣人とも共生するためにも、日頃からささやかな交流のきっかけを見つけたい。祭りなどハレのときだけでなく、ご近所の方と気軽に交流するフィジカルな居場所の創出が大事になってくる。先の空き家の再利用もまた、そのような場所になれば理想的である。緑豊かな街をつくろうと思えば、自分の前庭からスタートする。植木鉢に綺麗な朝顔を植えることも小さな一歩かもしれない。

地域のメンバーがそれぞれプライベートとパブリックのバランスのよい感覚をもち、一軒の家でも、街の見た目を左右するということを自覚すること。地元に対する帰属意識を共同体構成員たちがもち、愛着をもって建築に手をかけることで、心地よい雰囲気がゆっくり街に漂いはじめる。多様な住人たちによる雑多なものを同居させた街並みが時間をかけながら、やがて、みんなの心のよりどころになる風景へと育っていくことだろう。

第三話

蔵としての家

人間にとって、家とはなにか？　時代とともに変化してきた私たちのライフスタイルと同様に、住まいのあり方もまた、大きく変わってきた。物に溢れる現代だからこそ、個々人がそうした物に対するセンサーの点検をしなければ、むしろ豊かさから遠く離れていってしまうのではないか。

人間がダイレクトに衣食住に関わっていた頃

住宅を設計していると、その理解を深めるために、しばしば人間が住まうことの原型について考える。人類が洞窟のなかで共同生活していた頃、もしくは森のなかで小屋を建てて生活していた頃まで遡ってみると、すべての行為が衣食住にダイレクトに関わっていることに気づく。動物の皮を剝《は》いで着るものをつくり、食事のために猟や農作業を営み、自分たちの家は周りにある材料を調達し、加工してつくる。さらに、住宅がすべての冠婚葬祭の舞台でもあったのだから驚きだ。

人間がダイレクトに衣食住に関わっていた頃、死というものはいまよりずいぶんと身近に日々の生活のなかにあり、物事の因果関係がわからない不幸もきっと多くあった。それらに対して、人間は霊的なシグナルに対する感受性を高くすることで対処していたと考えられる。つまり、神との対話が必要だったのだ。悪いことを祟《たた》りだと捉え、魔除《まよ》けの儀式をする。そうした神との対話が明確な形式として見えるものが祭りである。唄を歌い、踊り、祈ることで、言葉を超越した身体的なコミュニケーションでもって神と通信しながら生活していた。

大地の神に農作物の収穫を感謝し、狩猟で獲物を捕らえると山の神の下で祝祭が行われる。捕らえた動物の皮を剝いで衣服をつくり、その肉を食す。また、骨を道具や武器として使ったりもした。生きることに直接コミットしていた時代の人間がもっとも大事にしていたのは、こうした見えないもの、霊的なものに対する鋭い感覚を持ち合わせることではなかったか。そういう能力は、ときに生死を分けるものとなることを当時の人間はたしかに知っていたように思えてならない。

ひるがえって、現代は便利になりすぎて、衣食住がどんどん人間の手から離れていっている。衣食住に関わる命の根底にある仕事が外部化されてしまったからだ。

寒い冬には暖をとり、毎日料理をするためにも、人間が生活をするうえで欠かせない火が制御できる対象となり、住宅は一気に激変した。土間とつながる竈《かまど》や家族の団らんの場であった囲炉裏《いろり》が、コンロや給湯器などの機械に取って代わられたことが象徴的である。自分が着る衣服がどのようにしてつくられているのか、もはや裁縫するひともすっかり珍しくなってしまった。また、自分が口にする食べ物がどうつくられて、どう料理されているのか、毎日生活している家がいかに建てられるのか、厳密に知っているひとはほとんどいない。

それぞれが専門分野に分化してしまい、いろんなことがわからなくなりすぎてしまった。われわれの生活に欠かすことのできないコンピューターがどのように起動しているかを、ちゃんと理解しているひとがどれだけいるだろうか。

便利さを手に入れた代わりに、あらゆる物がつくられるプロセスがすっかりブラックボックス化してしまった。そうして衣食住から解放された人間の生活は、余暇という自由な時間を手に入れて、結果的にたくさんの物が家中に溢れていく。

物を守る「蔵」として再考する

このように、物が溢れる現代において、生活の場所である住宅についてはどう考えていけばいいのだろう。

いささか強引ではあるが、家というものを、生活者が所有している多種多様な物を大切に守る「蔵」として再考してみたい。自分たちが日頃生活しているなかで発生する物を機能的かつ美しく陳列するだけでなく、丁寧に所蔵すること。こうしたことが現代の住宅におけるもっとも必要なことだとすると、家とは蔵であるといえるのではないか。

少し前から「断捨離」という言葉をよく耳にするようになったが、それは私たちの生活において、過剰になった物に対する警告だろう。

それはそれでいいことかもしれない。適度に物を処分することで、狭い部屋はより快適になるだろう。がしかし、人間が生きていくうえで、いかにして物とうまくつき合っていくかは、衣食住に直接関わらなくなってしまった現代において、自分の周りにある物を手放して、少ない物のなかで生活するというほど単純なことではない。まず自分の周りに存在するたくさんの雑多な物に対する理解の度合いを深め、過度に執着せず、自分の好みに対して忠実であることを自覚するための空間と時間が必要となってくる。

たとえば、部屋のなかにある本棚は、自分の脳のなかが一部表出していると捉えられる。読んだ、読まないにかかわらず、自分が読んでみたいと思った本に囲まれていることが重要であり、一種の知性の表れなのだ。自分の本棚に書物が陳列され、いつでも手に取って読める状態にあることで、背表紙を通して読書の半分はすでにはじまっている。

読書にとって大切な「読みたい」という気持ちをしかるべきタイミングで発動してくれるためには、自分の本棚のあり方、部屋の空間が大事になってくる。また、リラックスして座ることができる椅子《いす》は、われわれの足の延長と捉えられる。椅子や机などの西洋家具によって、畳の上などの地べたではできなかったことが容易にできるようになった。

つまり、そのひとの住まう空間は、そのひとの身体の延長である、といえそうだ。

イームズ夫妻の家

部屋を、そのひとの身体の延長だと思うようになったのは、二十世紀アメリカを代表する世界的デザイナーであるイームズ夫妻の家を見学しに行ったのがきっかけだ。鉄骨の工業製品をカタログから選択してつくりあげたごくシンプルな家のなかに、チャールズと画家で妻のレイが世界中から収集した物が美しく並べられていた。遊び心溢れるふたりの家は、とてもドライでシャープな空間でありながら、多様な物語を感じる上品な物たちによって飾りつけられていた。彼らのデザインしたイームズ・チェアはもちろんのこと、単なる家具を超えて、物にはたしかな個性が宿ることを教えてくれている。

工場で大量生産されていく物から、いかにして自分にとって必要な、自分らしい物を購入するかという「目利き」としての大切さが感じられる。合板を曲げることでできているイームズの家具デザインもまた、じつはこうした普通の空間のなかに置かれた物としての文脈をつくっており、その空間がイームズの身体の延長だったと考えるのは自然なことであるように思う。

そもそも、合板を曲げることで戦争負傷者のための美しく合理的な「添え木」をつくったことでも知られるイームズ夫妻のことを思えば、彼らのデザインの本質には、つねに人間の身体性があることは当然のことである。それは、イームズ夫妻の住空間が、まさに人間としてのふたりを見事に表象していることとも親和する考え方である。

動物の巣作りをイメージすると、親鳥は小枝などを周辺環境から集めて鳥の巣をつくっている。卵からヒナをかえすために暖をとり、敵から身を守っている。人間の部屋もまた、外の世界から身を守り、自分の身体感覚を拡張する役割を果たしている。部屋の物理的面積が限られていると、いかにして的確な物に囲まれて生活するかは、そこで過ごす時間の豊かさに深く影響する。

掃除をルーティンにする

当然のことだが、ひとによって所有したい物はそれぞれだ。問題は、部屋をどのようにして心地よい空間に仕立て上げていくかという意識の有無、あるいは意識の芽生え方にある。そのために必要なことは、まず掃除をすることであるという、ごく当たり前のことから述べたい。

一日に一度の掃除をルーティンにすることで、部屋の風通しがよくなり、生活にリズムがうまれる。たまった埃《ほこり》を拭き取ることは、健康な精神状態を保つにも必ず有効である。

机をちょっと整理するだけで、仕事がはかどるように、掃除することは、自分が所有する物に対して手をかけて大切にすることを意味し、それによって物が長持ちする。面倒ではあるが、そこからしか物に対する愛着はうまれず、ゆっくり時間の流れを意識するようになっていく。子どもの頃、柱に身長を刻んだりしたことも、部屋に対する時間の蓄積のひとつの好例といえる。

また、掃除をするということは、自分の場所に対して自分ひとりの問題にして閉じるのではなく、ひとに見られているという感覚の発芽を意味する。部屋がひととなにかを共有する場所へと感覚が広がっていければいい。体験を共有する舞台となる。

京都の古民家をリノベーションした旅人《たびびと》庵の柱

綺麗になった部屋には、友人を招きたくなったりするものだ。プライベートな部屋に客人を招くことで第三者の視点が入り、部屋はより健全な姿に近づく。どのような物を自分の部屋に配置するかで、空間の質、もしくは空気の粒子がゆっくり変容するのは、部屋が住まい手のキャンバスであるからにほかならない。

家に心の置き場をつくりたい

一枚の銅版画を部屋に飾るとする。それは、画廊で銅版画を見るのとは、同じ作品であるにもかかわらず、まったく違った経験となる。その銅版画に描かれたものは、その飾られた場所の空気を呼吸するからだ。どこに飾られるかによって、はじめて作品が生きてくる。その銅版画が発する気を感じるためには、自分自身の身体感覚を徐々に変化させる長い時間を必要とする。つまり、毎日その作品と対峙《たいじ》することでじわじわ見え方が変わってくるのだ。元気がないときに、ふと勇気づけてくれるような作品もあるだろう。

もちろん、一枚の写真や友人から届いたお気に入りのポストカードでもいい。部屋に飾られた物が時間をかけてその空間の空気を呼吸し、自分との関係を築いていく。それが、自分の祖父の形見のものだったらどうだろうか。そこに込められた想いらしきものを、より強く感じられるはずである。

そうした感覚を育むためにも、日々掃除をし、自分の部屋に対する感受性を見えない霊的なものにまで広げたい。なにも高価な芸術作品や素敵な家具に囲まれた生活を勧めているのではない。蔵としての家では、効率性や機能性では考量し得ない身体感覚をもつことで、家に心の置き場をつくることができる。自分の所有する物に対して、好きであるという気持ちに忠実であることを中心に家のことを考える。そのための空間と時間の余白を残しながら、それぞれの物語を大切にした居心地のいい部屋づくりが理想となる。

思想家の鶴見俊輔は『家の神』（淡交社）のなかで、家における習慣の考察を通して次のような興味深いことを述べている。

「家は、私たちのひとりひとりをそだてた。私たちは、自分の生命を家に負うている。自分の生命だけでなく、自分の精神をも、かなりの部分まで、家に負うている。だから、家は大切なものだし、なつかしい。

家を守るさまざまの象徴を、おおまかにすべて家の神と呼ぶことにすれば、家の神は大切なものだ」

この「家の神」を神たらしめるのは、家の空間であると同時にそこに置かれた記憶の詰まった雑多な物たちではないだろうか。時間をかけて気が練り込まれた物を部屋のなかに配置することで、自身を囲む環境がゆっくり変化し、自分のひととなりが必ずその空間に宿っていく。鶴見が、住まい手が〝家に育てられる〟と断言しているように、ひとと空間の相互作用によって成立するものだ。

ｎＬＤＫという家の定型から自由になる

最後に、家について突き詰めて考えていくと、家に住まうひとたちの生き方に直結する問題に突き当たる。つまり、家を考えることは、家族のあり方を考えることにも等しい。三世代の大家族が大きな家で一緒に住まうあり方と、核家族が都市のなかでマンションに住まうあり方には大きな隔たりがある。ましてや、近年では学生などの独身者によるシェアハウスという住まい方や、部屋を使っていないときに旅行者に貸すａｉｒｂｎｂ《エアビーアンドビー》も増えてきている。

　家の象徴でもあった火が制御できるようになり、衣食住にほとんどダイレクトに関わらない現代の住まい方において、住宅に残された役割は、自分の所有する物を保管することなのではないか。家族という虚像を一度解体し、家にとって「物を収蔵する」ことを主役に捉え直してみたい。

そもそも現代における家族像というものは、われわれのライフスタイルの劇的な変化と並行して大きく変わってきた。シングルマザーや同性婚など、多様な家族像のあり方を、現代の家は空間として提供しなければならない。

家族にとっての幸せな時間の舞台となるためには、nLDK（n個の部屋とリビング・ダイニング・キッチン）という家の定型から自由になり、いろんな空間のあり方を想定する必要があるように思えてならない。家に不要なものは、外部化し、都市に依存すればいい。五〇年代に「三種の神器」といわれた白黒テレビ・洗濯機・冷蔵庫も時代とともに確実に変化している。家で料理をしないひとはレストランに行くから、キッチンは簡易的であればいいだろうし、銭湯が好きなひとにとっては、風呂ではなくシャワー室があれば充分かもしれない。コインランドリーを多用するひとは、家に洗濯機がいらないだろう。

つまり、家は自分の所有する物を収蔵する場所であることを徹底するのだ。それを大前提にすれば、そこで行われるさまざまな行為の優劣を各自が決めることができる。そうすれば、多様な家族像に対しても、柔軟な家づくりが可能であり、その拡大された家族のための記憶の器として心地よい場所が提供できるにちがいない。

エッセイ①　音楽のある部屋

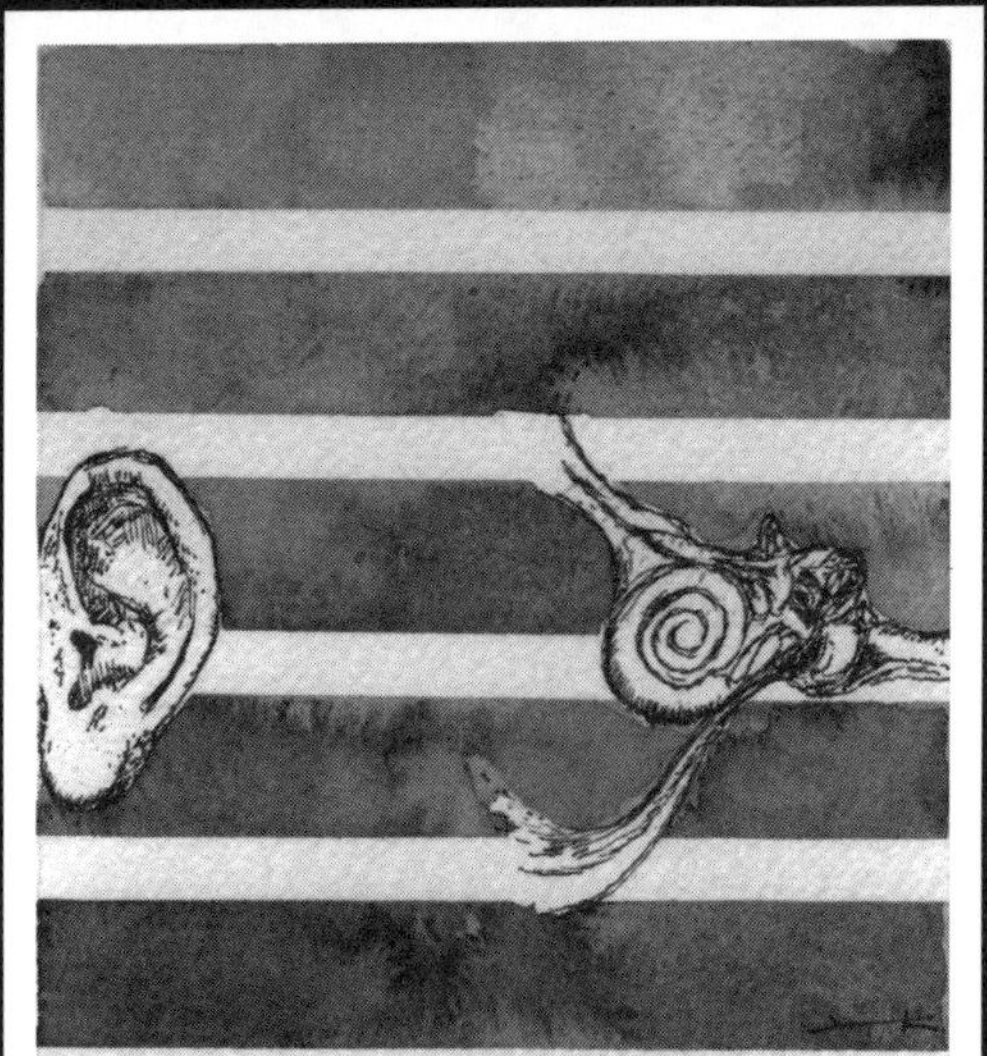

光沢のある暗闇

岩手県一関《いちのせき》市にある伝説のジャズ喫茶「ベイシー」に行ったのは、昼を少し過ぎた午後だった。

薄暗い店内に一歩足を踏み入れると、そこには別世界が広がっていた。耳ではなく、体全体に大音量が鳴り響く音楽がジンジンと伝わってきて、腹に堪《こた》える。体中の細胞に染み込んでいくような、たしかな皮膚感覚である。これほどまでにダイレクトに音楽に包み込まれるのは、はじめての体験だ。

圧倒的なサウンドの世界に押し寄せられたからか、目から入ってくる視覚情報にピントが合うまで、ずいぶんと長くその場に立ちすくんでいたように思う。すると、白髪をオールバックにしたマスターの菅原正二さんが静かに現れた。格好いい。濃密なベイシーの空間のなかに浮かび上がる、その古風で気品ある佇《たたず》まいにすっかり魅せられてしまった。

そもそも私がなぜベイシーに来たかというと、山形県で畳をつくっている畳屋さん（インドで見本市のためにパビリオンを設計した）と一緒に「これからの畳の可能性について」と題した対談を小冊子にまとめるという仕事のためである。せっかく東北まで足を運ぶのであれば、対談の場所をぜひ念願だったベイシーにしてもらえないか、という私の無謀な提案を受け入れてもらったのである。

このベイシーという店には、窓がひとつもない。あっても覆い隠されており、外界から切り離された洞窟的な空間である。どこか光沢のある暗闇が辺り一面に広がっていて、艶《つや》っぽい。いまではすっかり見なくなってしまった昔ながらのジャズ喫茶が健在なのだ。心地よいジャズに酔いしれながら、机のセッティングなどの準備が整うも、クルーのみなさんは「はて、この爆音のなかで対談などできるのだろうか」と心配そうにしていたのだが、無情にも針はレコード盤から離れ、突如深い静寂が訪れた。

音楽が消えると、スーッと空気の密度が薄くなったようでベイシーの雰囲気は一変した。そして、対談はとどこおりなく行われた。

筋金入りの時代遅れ

店主の菅原さんは、ご自身でも言われるように自他ともに認める「筋金入りの時代遅れ」なマスターである。私の師である石山修武《おさむ》が二十五年以上前に『現代の職人』(晶文社)という本のなかでそのように表している。

ベイシーは、一九七〇年からずっと営まれているから驚きだ。まるで半世紀弱ものあいだ時間が止まっているかのようで、どこか異質な空気が漂っている。

部屋の主役はだれがなんといおうが、いぶし銀のオーディオだ。最高の音楽を客に提供すべく、幾多ものバージョンチェンジを日々重ねたＪＢＬのスピーカーと真空管アンプが奥の壁の前に堂々と鎮座している。崇高なまでの存在感である。

そこからミュージシャンが楽器でライブ演奏をするように、菅原さんはまさに「レコードを演奏」している。店の名前にもなっている伝説のジャズ・バンドマスター、カウント・ベイシーも生前二度ほどこの場所に来て演奏したらしい。

なにが時代遅れかというと、レコードという音楽メディアが流通においてその座をＣＤに取って代わられた（いまでは、さらに音源ダウンロードという無形のデータにシフトしつつあるが）にもかかわらず、彼はレコードの魅力を「音楽をそのまま保存・再生することにおいてもっとも優秀なメディア」であると語り、疑わない。強い確信をもって化石のようなレコードから豊潤な音楽の世界をＪＢＬのスピーカーを通して毎日淡々と鳴り響かせている。

しっとりしたビル・エヴァンスのピアノから、艶っぽいジョン・コルトレーンのサックス、軽快なマイルス・デイヴィスのトランペットまで自在に、ベイシーの空間は、あまりにも濃厚な「生」の音楽でいつも満たされている。しかし、暗がりに目が慣れてきて、ふと室内空間に目をやると、あたかも、菅原さんの部屋にお邪魔させてもらっているかのような不思議な気持ちになった。

あらゆる物がそこここに居心地よく配置されていて、珈琲が飲めるテーブルと椅子があることから、そこがジャズ喫茶であることは、かろうじて認識できる。壁に飾られた往年の名プレーヤーとのサイン入り記念写真からはじまって、棚には無骨に置かれたカメラ（趣味で撮っている菅原さんの写真はプロ並みの腕前）は骨董《こっとう》屋のようであり、書類と本の山、空になったモンブランのインクタンクが数珠《じゅず》つなぎのように陳列されていたりする。まるで、小説家の書斎の様相を呈している。煩雑《はんざつ》な空間のなかに一〇〇枚ほど綺麗に重ねられたまっさらの四百字詰めの原稿用紙の上に、いかにも書きやすそうなモンブランの万年筆がそっと置かれていたのも目に留まった。

息づかいが感じられる空間

わずかな光量のなかで浮かび上がるベイシーの摩訶《まか》不思議な風景を見ながら、私は遠くロンドンにある《ジョン・ソーン美術館》へと思いを馳《は》せていた。ジョン・ソーン（一七五三

〜一八三七）は、十八世紀末に活躍したイギリス新古典主義の建築家だが、彼は自宅兼事務所を晩年、自身のコレクションを展示する美術館へと改修した。

　イギリスを代表する画家ウィリアム・ターナー（一七七五〜一八五一）の絵画やイタリアの画家・建築家ピラネージ（一七二〇〜一七七八）の銅版画があるかと思えば、自身の建築作品を弟子のガンディーにコラージュして描かせた魅惑的な絵画などが展示されている。また、設計の参考資料としてギリシャやローマの廃墟から集められた発掘品である柱やレリーフの断片の数々が、所狭しと壁に掛けられている。立錐《りっすい》の余地もない、とはこのことだ。その過剰な風景はジョン・ソーンという建築家のひととなりをよく表している。

　小さなロンドン市内のアパートメントを最大限にいかすためにドームやトップライトなどの光の採り入れ方に対する建築的な実験が幾重《いくえ》にも重ねられ、試行錯誤の末にゆっくりと美術館へと改修していった稀有《けう》な空間が実現されている。

　十五世紀から十八世紀にかけて王侯貴族らによって、ヨーロッパに多くつくられた「ヴンダー・カンマー」は、きっとこのような空間だったのだろう。ドイツ語で「驚異の部屋」という意味だが、自然物から人工物までじつにさまざまな珍品がこれ見よがしにコレクションされた部屋のことであり、博物館の起源とされている。

　設計者本人の自邸でもあったジョン・ソーン美術館は、まさに「ソーンの部屋」のような空間であり、いまでも彼の息づかいが空間からはっきりと感じられる。ソーンが、この建物を丸ごと国に寄贈したことで、二十一世紀のいまもわれわれは、この貴重なコレクションを実際に体験することができる。ひとりの建築家から後世にバトンがたしかに渡された。《大英博物館》などの大きな博物館が収蔵しないであろうセカンド・グレードの美術品であったとしても、個人の情熱によって時間を真空パックしたかのような空間に、私は深い感銘を受けた。

もちろん、ベイシーの空間とジョン・ソーン美術館の空間が、実際に似ているわけではない。ただ、その場所に注ぎ込まれた個人の熱量らしきものがそっくりなのだ。

これらの空間には、どことなく生態系のようなものが根付いている。つまり、その空間の主である菅原さんとソーンにしか制御できないほどに独自に進化していった空間みたいなもの。他を寄せつけない独特な雰囲気がある。静かな時間の膨大な蓄積がたしかな痕跡として壁に、床に、天井に、そしてなにより、そこに置かれた物たちに宿っている。

徹底的に個別的な空間

ここに私は、モダニズムを超えるなにかを感じ取ってやまない。どういうことかというと、二十世紀に発展した「国際様式」と呼ばれたモダニズム建築は、あらゆる人間のための普遍的な空間を求めた結果、綺麗で美しい、どこにあっても機能的な白くて軽い箱を世界中に量産していった。個性ある土着的な場所から自由になったからこそ、無国籍の国際様式と名付けられ、国境をドンドン越えていったのだ。モダニズムの原理の前提として想定された「人間」とは、マジョリティーの健康な人間、それも西洋人であることを忘れてはならない。

しかし、括弧《かっこ》でくくられた大多数の「標準的」な人間など、じつのところ、どこにも存在しない。みな違っているのが現実の世界で、ひとそれぞれに多様な顔をもち、異なる感覚を備え、それがそのひとたちの暮らす空間にも宿ると考えるのが自然だろう。

顔の見えない「みんな」のための空間ではなく、特殊解のように思われる「そのひとだけ」のための個別な空間、「だれでも」のためのモダンな空間ではなく、「個別的」な哲学（ポリシー）をもった空間。

そこには綺麗に整理整頓されているとか、物がたくさん過剰に置かれているとかという単純なルールなどは存在しない。その空間に置かれた物たちがつねにゆっくり変化するということは、部屋に置かれた物が時間と共に動いていくことで、空間の質、空気の粒子が熟成するように整えられていく。この場所に配置されなければならない理由は、もはや論理の埒外《らちがい》にあり、もっと大きな力の一部として存在している。それは、その空間のドライバーたちの「身体感覚」にゆだねられているようだ。

空間のドライバーたちにしか制御できない特別な場所には、多様に読み込める文脈が立ち上がるのも、きっとそのためである。それは、強いエネルギーとしてフィジカルに蓄《たくわ》えられ、空間にずっと流れている。そこに足を踏み入れた人間の知覚した刺激が、ひとつの心象風景として、それぞれのなかに再構築され、独自の物語を自在に展開していく種となる。徹底的に個別的な空間には、ひとの心をとらえる強度があるのは、そのためだ。

ベイシーでは半世紀弱もの長い時間をかけて、そのような個別的な空間と相互に作用しながら菅原さんがオーディオと格闘することで、代替不可能な深い音楽を描き出し続けている。過去から脈々と流れる濃密な時間、あるいは歴史と、これから来る未来を予感させてくれるような、その場所の豊かさにこそ私は、建築のひとつの理想を見た。

店を後にするときには辺りはすっかり暗くなり、夜空に三日月が光っていた。次こそは、仕事ではなく純粋な客としてベイシーに行き、ジャズにどっぷり没頭したい。

ベイシーにて菅原さんと雑談

欲をいえば、敬愛するスタン・ゲッツの吹く色っぽいテナー・サックスを菅原さんのジムラン（ＪＢＬのスピーカー）に奏でてもらえたらどれほど幸せなことだろうか、と近い将来、一ノ関を再訪することに胸を膨らませている。そのときは、谷崎潤一郎の『陰影礼《らい》賛《さん》』でも再読しようとひそかに思っている。

第四話

空間のなかの移動

昔から、ひとはつねに地球上を移動してきたが、ネット社会が発達したいまも、ひとは動き続けている。一方、大地に固定された建築は、動くことができない。そんな動くことのできない建築のなかで人々は経験をつむ。動き続ける人と、動くことができない建築。両者の関係をあらためて考えてみたい。

宇宙船地球号の上で

ひとは歩くことで、ある場所からまた別の場所へと移動する。もっと速く遠くへ、と自転車や自動車などの機械が生まれ、さらにスピードを上げるために電車や飛行機をつくった。それらに乗って地球上を移動し続けているのが人類の歴史といえる。

思想家や発明家といった肩書きにおさまらないアメリカのバックミンスター・フラー(一八九五～一九八三)は、最小限の表面積で、最大限のボリュームを獲得するドームをたくさんつくったことでも知られる建築家であり、地球全体をひとつの乗りものと考えるような包括的な視点を提供した知の巨人である。

「宇宙船地球号はあまりにも見事にデザインされた発明なので、知られている限りで二〇〇万年はこの船の上にいるというのに、私たち人類は船に乗っていることに気づきさえしなかった。しかも、すべての局所的な物理システムはエネルギーを失っていくという、あのエントロピーの現象があるにもかかわらず、私たちの宇宙船地球号は、船内で生命を繰り返し再生できるように、実に驚くべきデザインとなっている。つまり、生物の生命維持や再生のためのエネルギーは、太陽というほかの宇宙船から手に入れるのだ」

（『宇宙船地球号操縦マニュアル』、ちくま学芸文庫）

この宇宙船地球号の上で、われわれは遠く昔から、獲物を得るために狩猟民として山や森のなかをずっと移動していたし、農作をすることで定住が可能になった。水のある海や川を拠点に、物とひとが移動しながら集まって住まうようになり、都市は形成されていった。現代の高度化された情報化社会においてもなお、われわれは、移動し続けている。「移動する（モバイル）」という意味をそのまま名前にした携帯電話がじつに象徴的だ。がしかし、移動することの意味合いは少なからず変わってきた。インターネットというヴァーチャルな世界のなかでかなり多くのことが、人間のフィジカルな移動を必要としないまま処理できるようになってきている。便利さの追求により、なるべく移動しないで済むこと、むしろまったく移動しないことが求められるようにさえなった。

空間体験を通して感知するシグナル

ところが、建築は動かない。あるいは、動けない。

建物は、ある特定の場所に根づいていることが絶対条件である。具体的には重くて頑丈なコンクリートの基礎の上に組み上げられて建っているため、物理的に移動することはできないのだ。

だから人間が、動くしかない。世の中が便利になって、移動することが不必要になった部分があったとしても、質感のない無味無臭のモニターのなかの情報は、当然具体的な場所に行ってみて手に入る情報とはまったく異質なものだ。写真で見る富士山の風景とは違う、実際にあの山が放つ壮大なエネルギーは、行ってみなければ感じることは決してできない。自分の身体を通して、それぞれの方法と具合で知覚するものである。

ある場所における空間体験を通してわれわれの身体のセンサーが感知することのできるシグナルは、意識的にも、無意識的にも、多様であり、コンピューターが与えてくれる分節されたデジタルな情報とは比べものにならない。ヴァーチャルな世界が拡張すればするほど、逆にリアルな世界の重要度は増し、移動することの意味はより大きくなる。

「移動する」ことで、前にいた場所から違う場所に身を委ねることができるということは、自明である。ドラえもんの「どこでもドア」が存在しないかぎり、瞬間移動することはできない（そんな未来が来てくれたらと思うが、きっと無理だろう）。移動するには、どうしたって時間がかかり、スピードと関係してくる。速さと時間の積が移動距離になるわけだが、目的地に対していかなる手段で移動するかが、問題となる。

たとえば、街の風景を楽しむには、歩いたり、走ったりするスピードがちょうどいい。目的地へ急いでいる場合は、もっと速い自転車や自動車が適しているだろう。いまでは技術が進歩し、自動運転する車まで開発されはじめている。私たちが移動中にかかってしまう時間をどのようにして有意義なものにするかが問われてくる。移動する速さと比例して、より高い料金を支払うことで、われわれは快適性を獲得している。

私は、常日頃から職場のある東京と家族の住む神戸を頻繁に行き来するため、新幹線によく乗る。時速三〇〇キロで走る「のぞみ」は流れるようなスピード感で、微振動とともに身体感覚として速さが刻まれている。いささか速すぎるくらいで、なにかを後ろに置いてけぼりにしてしまっている感覚さえ覚えるほどだ。

さらにその何倍も速い飛行機に乗っても、それが地面から離れて、相対的に比べる対象物がなく、雲の上であることもあり、そのスピードを離着陸時以外に体感することはなかなか難しい。対して、新幹線は車窓からの風景が見えることで移動していることをはっきりと実感させてくれる。

移動することは、旅すること

品川から乗って、神戸に向かう際、進行方向右側の窓側席であるE席にいつものように座ると私は、次の三つのうちのどれかをする。

日頃の寝不足から単に眠るか、読みかけの本を読むか、締め切り間際の原稿を書き進めるかのどれかである。まさに今この原稿も新幹線のなかで書いている。ここ数年は、年間一〇〇回近く乗車しているため、品川〜新大阪間の約二時間半の時間は、ひとつの単位としてルーティンとなって身体に染み込んでいるくらいだ。

しかし、じつは、新幹線の本当の楽しみ方は、「なにもしないで、ぼうっと外の風景を見ること」だと、私は信じている（なかなか実行できないでいるのだが）。それは、日本という国のことがじつによくわかるから。トンネルの多いことで、この国に山が多いことを知り、里山や川、稲穂の広がる風景から豊かな自然のさまざまな美しさを見ることができる。駅に近づくと、見慣れたビル群の都市の風景が現れ、都市の個性について考えさせられる。

また、日本の家々が大変小さいことに、いまさらながら気づく。品川を出て新横浜を少し過ぎたあたりでよく目にする、過剰なまでに密集した住宅街には、丘の形状に合わせてびっしり家々が建っている。国土面積が小さい日本にあって、地形と一体になるようにしてお行儀よく無個性な住宅が林立している風景に私は、つい惹かれてしまう。外国から来た友人たちが、必ず驚嘆する日本固有の風景のひとつだ。

移動手段の著しい発達により、短い時間で効率よくより遠くへ行くことができるようになった。移動することは、旅することである。ゲーテの『イタリア紀行』を引くまでもなく、ひとは旅を通して異なる文化と接触し、知的好奇心をもって、世界の多様な豊かさを発見してきた歴史がある。西へ、東へ、文明が伝達され、文化が更新されていく。

旅の醍醐味《だいごみ》は、その過程が困難であればあるほど印象的であり、あまり容易にいろんな場所へ行くことが可能になった現代は、どこかもの足りなさが残るのかもしれない。実際には、移動する前から旅ははじまっている。憧《あこが》れの場所に想いを馳《は》せる。簡単に行けてしまうと、そんな旅に対するためらいの時間が足りない。そもそも、ネットで閲覧可能な情報で満足してしまい、旅をしたいという意欲さえなくなることに危機感を覚える。

動き続けるためのデザイン

そんな現代にあって、建築のなかを移動することに目を向けてみたい。

空間は建築のなかに入って、移動する体験を通してはじめて享受されるものだ。それを空間のシークエンスという。写真は静止画であり、ムービーはひとつのシークエンスを再生することができる。立ち止まっていると思っていても、厳密には眼球は微振動しているわけで、われわれはつねに「動き」のなかにあると解釈することもできる。

具体的に建築のなかでの移動でいうと、部屋と部屋のあいだの水平移動のために、廊下や通路があり、垂直移動のために、階段やスロープがある。ほかには、電気的に動くエスカレーターやエレベーター。こうした建築のなかでの動きがそのまま建物の形態を決定していく。そのことが見事に表現されている名建築がある。

ニューヨークのセントラルパークに程近い《グッゲンハイム美術館》である。ドーナツを重ねたような特徴的な外観をしているこの建築を設計したのは、アメリカでもっとも有名な建築家のひとりであるフランク・ロイド・ライト（一八六七〜一九五九）。彼は、この美術館の垂直移動をそのままアートを鑑賞するための空間に仕立てあげた。それは、エントランスを抜けると突然現れる。大きな円形の吹き抜け空間を中心に配置し、螺旋《らせん》状のスロープを設置したのである。このスロープの幅が広く、ただ歩いて上下に移動するだけでなく、その過程で美術作品を鑑賞するという美術館の中心機能をハイブリッドさせたのである。美術館の主役である展示室が、脇役であるはずの動線空間にまで溢れ出た。

そもそも美術館では、スピードに差こそあれ、大きな展示室のなかを移動しながら作品を見る。ライトは、この動き続けるなかでめまぐるしく変化する豊かな芸術体験を、なめらかに連続して提供しようと、緩やかなスロープそのものまで作品鑑賞可能な場所として無駄なくデザインしたのである。

スペインの片田舎のビルバオに、同じグッゲンハイムの別館、《ビルバオ・グッゲンハイム美術館》が一九九七年に完成している。この建築もまた動きに満ち溢れている。アメリカのロサンゼルスを拠点にする世界の巨匠となったフランク・O・ゲーリー（一九二九〜）のエポックメイキングな代表作である。この美術館の特徴は、いままでだれも見たことがないような複雑なフォルムが、チタンなどの金属で魚の鱗《うろこ》のようにつくられていることだ。曲線ばかりであまりに有機的なデザインを、飛行機の設計で用いる当時の最先端設計ソフトを導入することで実現してみせた。

グッゲンハイム美術館のスケッチと写真

1997年に完成したビルバオ・グッゲンハイム美術館

しかし、ゲーリーはそれに満足することなく、さらにその設計技術を進化させ、「ゲーリー・テクノロジー」なる独自の革新的なソフトウェアまで開発した。設計と製造を一括管理しながら、見積もりや工程管理まですべてをデジタル化することで、建築をつくるシステムの圧倒的な合理化を図っている。

それにより、ビルバオでは外装のカーブがつくられただけで、ハリボテのような箇所もあったものの、それから十七年経った二〇一四年十月、パリに完成した最新作の《ルイ・ヴィトン・ファウンデーション》では、表層のデザインに留まらず、空間そのものが複雑で有機的な造形でありながら、高い精度でつくりあげられていて驚いた。ゲーリーが創造した空間のなかを来館者がアートを楽しみな

2014年に完成したルイ・ヴィトン・ファウンデーション

がら自由に生き生き動いていたのが、強く印象に残っている。

取扱説明書のない地球において

ひとが移動するのは、なにも美術館だけではない。

モダニズムの巨匠ル・コルビュジエが設計した《サヴォア邸》もまた、魅力的な移動空間を有した住宅である。家のど真ん中に折り返しのスロープを挿入することで、劇的なシークエンスをうみ出している。一歩一歩進むごとに目線が動き、徐々に切り取られた風景が変化する。空間のなかで自分の身体を定位する感覚が細やかに設計されている。壁に閉じられた階段室で、下から階段を上り切ったら二階になるのと違い、開かれたスロープで移動することは、光のダイナミックな変化を演出する。スロープは、階段より平面的に広い場所を必要とするため、家のなかのほかの部屋の面積が自ずと小さくなってしまう。それでもコルビュジエは、明るいスロープの設置を選択した。

建築が人間のために存在するのが大前提であれば、そうしたひとの動きを考慮した空間をデザインすることはじつに理にかなっている。近年、建築物があらゆるファクターで数値化されているが、なかでも「環境」という側面は、その重要性を増している。建物がどのような素材でできているか、あるいはどこにどのような窓を開けるのか、そうしたことすべてが建築とエネルギーの問題に直結しているからだ。

前述のフラーは、「宇宙船地球号に関してはとりわけ重要なことがある。それは取扱説明書がついていないということだ」と述べている。彼が本のタイトルに「操縦マニュアル」と付けたのも、そのためだろう。現代において環境学的アプローチをすることは、建築を単体として敷地との関係性だけで見るのではなく、地球と太陽の動きの関係性から広くデザインを捉え直す試みであり、やっとフラーの思考に時代が追いつきはじめたと考えることもできる。これからの建築では、環境学的に地球という大きな視点も考慮しながら、建築のなかで自然に動きたくなるような空間のあり方を創造したい。わくわくするような建築のあり方だ。

たとえば、壁の素材の組み合わせを工夫したり、太陽光の入り方を検証したりすることで、視覚的な運動を誘発する。風のシミュレーションをして、見えない空気の動きをデザイン（パッシヴ・デザイン）することもできるだろう。足の裏が直《じか》に触れる床の素材を、檜《ひのき》や杉の無垢《むく》材でつくることは、あの柔らかくて温かい感触として、少なからず移動することにも影響する。

空間の物理的大きさも運動と深く関係している。部屋の広さの体感は、その前にいた場所との相対的な対比や、天井の高さなどのスケールの変化によるシークエンスで印象が変わるからだ。そうした建築のなかでの多様な移動を多角的に意識することで、より変化に富んだ空間がうまれ、私たちの身体感覚をたえず拡張してくれる。つい動きたくなるような豊かな空間をもつ建築は、日々新しい発見を提供してくれる。

第五話

芸術の文脈と身近さ

芸術は、なにも特別なものではなく、だれに対しても開かれている。美術館だけでなく、もっとすごく身近な場所にこそ、芸術は存在しているのかもしれない。一輪の美しいバラは、ときにひとの心を豊かにする。本当の芸術との出逢いを体験したひとは、それまで見てきた世界がまるで違った見え方をすることを知っている。

自己表現ではなく、生きていくための営みとして

ヴェルナー・ヘルツォーク（一九四二〜）監督が、南フランスにあるショーヴェ洞窟のなかに潜入した秀逸なドキュメンタリー映画『世界最古の洞窟壁画』（二〇一〇）を観ていると、芸術がうまれ出る瞬間に想いを馳《は》せてしまう。旧石器時代において、人間と芸術はどのような関係にあったのか、なんのためにあのような動物たちの絵は描かれたのか、洞窟の暗闇のなか、火を起こし、劣悪な環境下にもかかわらず、いかにして躍動感ある動きに満ちた絵を描き上げることができたのか。

このショーヴェ洞窟に描かれた壁画は、もちろん制作者という個人はわかっていない。特定のだれかの作品として残されているわけではない。詠《よ》み人知らずの芸術である。

そもそも芸術を単純に自我の表出と捉えることには、いささか無理がありそうだ。何万年も前にあそこに描かれた洞窟壁画は、二次元の絵画表現という枠組みを超えて、生活の根源的な部分と密接に関係していた。それは、霊的なものとの接近であり、祈りや踊りと固く結びついていたのではないか。芸術は自己表現ではなく、生きていくための必然的な営みだったという仮説に基づき、その延長線上にある「美術館」という建築のあり方につ

いて考えてみたい。

最初に、哲学者の國分《こくぶん》功一郎が暇と退屈について考察するなかで芸術について述べている箇所からはじめたい。

「退屈と向き合うことを余儀なくされた人類は文化や文明と呼ばれるものを発達させてきた。そうして、たとえば芸術が生まれた。あるいは衣食住を工夫し、生を飾るようになった。人間は知恵を絞りながら、人々の心を豊かにする営みを考案してきた」
（『暇と退屈の倫理学』増補新版、太田出版）

裕福になって暇を得た人間が、その暇や退屈を克服し、心を豊かにするためのひとつの行為が芸術であるならば、その芸術の家である美術館はどうあるべきか。いまある多くの美術館の問題点は、あまりにも非日常的なものになってしまい、芸術の墓場と成り下がってしまったことにある。なにかを創造する芸術が満たす欲求は、人間が生きていくうえで欠かすことのできない行為であるはずなのに、創造の場としての生き生きした雰囲気が著しく欠けているように思えてならない。

だれに対しても開かれるはずの芸術が、ある格式に守られた特別な階級だけのためのものになってしまっていることに問題のひとつがあるのだろう。多くのひとにとって美術館は、もはや身近なものとして感じることができなくなってしまうほど、どこか遠い存在になった。皮肉なことに、まさに退屈な場所となってしまったのだ。

では、どのようにすればいいのだろうか。

「はじめて」の体験

私は、ふたつのことを提案してみたい。

ひとつは、芸術のための場所の再発見である。芸術は、絵画であれ、彫刻であれ、その作品が置かれている背景も大切な役割を果たすことが見落とされがちである。いかなる芸術作品も、それ単体で存在することはなく、展示される場所と相互にうみ出される関係性によってはじめてアートは体験される。絢爛《けんらん》豪華なクリムトの絵はウィーンのベルヴェデーレ宮殿（《オーストリア絵画館》）のなかで見ると感動するが、コンテナのような空間のなかで見ても、感動は半減してしまうように。

美術館の典型として「ホワイト・キューブ（白い立方体）」といわれる無味無臭の綺麗で、

光も明るく均一な、すべてが制御可能な場所がある。しかし、そればかりを世界中に量産しても、ひとを感動させられるような強度ある芸術との出逢いなど提供できない。それでは、結果的にどこに行っても、同じような環境で、見慣れた芸術に対面するだけになってしまい、あげくの果てには飽きられてしまう。

グローバル化された都市にファストフード店が量産されることにも類似する。一度行ったら満足し、再び訪れたいと思わせるほどに強く惹きつけるものがない。

しかし、芸術の強度は、いままで見たことのない、「はじめて」の体験にこそある。芸術の一回性が芸術を芸術たらしめている。日常からの違和感を表明するような、この驚きこそがなによりアートのスタート地点である。あらかじめ想像がつくような予定調和なものは、心を豊かにする芸術にはなりえない。

ブラジルにある《サンパウロ美術館》が素晴らしい。イタリアからブラジルに渡って活躍した女性建築家リナ・ボ・バルディ（一九一四〜一九九二）による斬新な設計は、都市のなかに突如としてガラスの箱を四本の赤い柱で大胆に浮かせてみせた。芸術と向き合う光溢れる無柱空間が実現し、また美術館を浮かせることで、リナは「ベルヴェデーレ（望楼）」と名付けられた一階部分の、サンパウロが一望できる大空間を出現してみせた。こ

サンパウロ美術館　外観と一階の広場、館内の様子

の高さが八メートルもあるダイナミックなオープンスペースは、芸術を市民のものとして開放した。

絵画を壁に掛けるのではなく、床置きのガラスのイーゼルまで彼女がデザインして、芸術との純粋な出逢いを演出した。それは、芸術作品が額縁におさめられるのではなく、空間そのものが「額縁」として機能するような斬新なアイデアだった。作品を鑑賞するうえで、地と図の関係に新たな奥行きを与えた。半世紀も前につくられたこの美術館がいまなお賑わっており、サンパウロの市民によなく愛されていることが、なにより彼女の功績を裏付けている。

川辺の風景が美術館のなかに立ち上がる

芸術の文脈を拡張するような美術館といえば、デンマークの首都コペンハーゲンの郊外にある《ルイジアナ美術館》も、また好例だろう。このひっそりとした美術館は、交通の便が悪く、行くのに少しばかり苦労するけれど、芸術との新鮮な出逢い方においてすごく魅力的な空間体験を提供してくれる。決してどこにでもあるようなミュージアムなどではない。十九世紀に建てられた邸宅を三十年以上にわたって段階的に改修増築したもので、回廊で結びつけられた小さな集落のような印象があり、海のある自然と融合した展示室の集合体として特徴的な美術館なのである。

芸術作品と鑑賞者の関係性が、展示室ごとに多様に演出されている。ときに天井の高い展示室があったり、廊下から緑が鬱蒼《うつそう》とした美しい中庭が見えたり、ちょっとした階段を上がるとエーレスンド海峡が一望できる展望スペースがあったりする。それは美術館であると同時に、公園でもあり、展望台もあり、遊んだり昼寝したりして、来場者にとって各々の過ごし方ができる楽しい居場所を見つけられるような複雑さを兼ね備えている。回廊が海沿いの地形に沿ってつくられているため、スロープが組み込まれており、とにかく目線がよく動く。

私がこの稀有な美術館をはじめて訪れたのは夏の青空の下、二度目は紅葉の美しい秋だったこともあり、季節によって変化に富んでいることも印象深い（いつか冬に行って雪のある白いルイジアナ美術館を訪れてみたい）。

ここで森の見えるガラス越しのアルベルト・ジャコメッティー（一九〇一〜一九六六）の彫刻や、アンリ・マティス（一八六九〜一九五四）の切り絵の企画展を見たときに、芸術が場所とこれほど見事に呼応していることにすっかり魅了された。やはり、ここでしかできない個別な芸術体験が作品と展示空間のマッチングによって実現されることを確信した。

二〇一四年、このルイジアナ美術館での展示が大きな話題となった。「サイト・スペシフィック（特定の場所）」というスタンスで作品をつくることが多い、ベルリンにアトリエを構えるアイスランド人アーティストのオラファー・エリアソン（一九六七〜）による《Riverbed（川底）》という展覧会のことである。エリアソンは、なんと展示室をまるごと川辺の風景に変えてしまった。美術館の白い壁と照明の下に、本当の砂利や石を運び込み、床から積み上げて地形をつくり、水まで流して架空の川を人工的に再現したのである。

ただそれだけなのだ。どこにでもありそうな川辺の風景が、突如美術館のなかに立ち上がることで、鑑賞者たちに不思議な感覚が発露する。水の音が聞こえ、歩くたびにガシャガシャと砂利の音がする。鑑賞者たちは、いったいなにが「本物」かということを考えさせられる。

自然そのものをありのままに芸術として展示してみせたのだ。エリアソンは、まさに芸術を通して、身体感覚を挑発した。日常の違和感を膨らませて、美術館の文脈を操作して問題提起することで、アートの可能性を大きく拡張し続けている。だれもいままでやったことのない、世界の違った見方を提示している。

作品と空間の拮抗した健全な緊張関係

場所の発見という文脈では、芸術作品が主役でありつつも、展示される空間そのもの、つまり建築が「キャンバス」となる。いままでは、白くて広い空間に作品が展示されていれば、それはそれで「芸術」として見られるように思われてきた。しかし、単なるホワイト・キューブのように特徴なきニュートラルなものでは、飽きられてしまい、もっと個別な文脈がそれぞれの作品に必要であると、私は考える。文脈を物語と言い換えてもかまわない。

ショーヴェの洞窟壁画が、山と川がある美しい自然のなかの岩山、フランス南部のあの場所でなければ成り立たないように、芸術行為には、背景となる文脈が一定の必然性と共存しなければならない。ある用途としてつくられた建築が改修されて、美術館にコンバージョンされることは、芸術作品にとってのミッシング・ピースが見つかったようなもので、作品と空間の拮抗《きっこう》した健全な緊張関係が調和と統一をうみ出している。

アメリカのニューヨーク州にある《ディア・ビーコン美術館》のように、使われなくなったレンガ造りの大きな印刷工場がおおらかな空間として、現代アート屈指のミュージアムにうまれ変わった例もある。また、ベルリンにある、駅舎を改修した《ハンブルガー・バーンホフ美術館》や、ロンドンの《テート・モダン》も、その役割を終えた電力発電所を美術館にコンバージョンした名建築だ。なにも新築の美術館がダメで、旧い建物を利用した美術館が無条件によいと述べているのではないが、美術を鑑賞するための空間でなかったものが、美術館に適しているということは、芸術がもっと私たちの身近にあるものだというたしかな証拠と考えられないだろうか。

つまり、芸術作品は、なにも美術館に閉じ込められる必要はなく、どんどん日常的な生活空間に溢れ出してくればいい。

その場所でしか実現し得ない芸術

ふたつ目の提案は、美術館としての機能の拡張、もしくは開放である。サンパウロ美術館に公共の広場をつくったように、未知なる芸術作品と出逢う場所としての美術館のあり方を広げる必要があるように思う。現代人にとって、ただアートを見るだけでは、退屈になってしまった。ひとを集めるための創造的工夫が必要になる。なにかを「つくる」という美術館にとってもっとも本質的な課題をその中心に据えながら、芸術的な体験をより身

ディア・ビーコン美術館にあるリチャード・セラの作品たち

近に感じ、気軽に足を運んでもらうためには、知恵を絞らなければならない。
カフェやショップが併設されているだけではもちろん不充分で、ライブ・コンサートやダンスや演劇などのパフォーマンス・アート、作家のトーク・イベント、ファッション・ショーなど意外なものと美術を組み合わせるような祝祭性のあるものを定期的に企画するのがいい。あるいは、美術館でマーケット（市場）を開催したりして、より日常的な行為とアートを結びつけても面白い。

そのほか、美術館と学校による子どもとアートの接近を試みるためのワークショップなどにも、まだまだ開拓する余地があるだろう。地域に開放された工房があったりして、芸術がうまれる瞬間に立ち会うことができたら、子どもたちにとっては、かけがえのない体験となる。

また、美術館とオフィスを組み合わせることによる、ビジネスと芸術の化学反応もまだだれも試みたことのないブルーオーシャンかもしれない。芸術を鑑賞することとは別の機能を美術館という場所に交差させることで、多面的な体験と多様なひと同士の重なりをつくり出す。すると、美術館がその場所でしか実現し得ない芸術の器となり、そこでなくてはならない芸術のバトンを繋ぐ可能性がうまれてくる。そのためにも、日頃の生活のなかに芸術との接点を多くつくることが望ましい。

さらに、その関係性において、なるべく世代を超えた「学び」が発動するような仕組みがあることが望ましい。学びには、いつも発見があり、なにかをつくり出す行為の土台となる。これからの美術館のあり方というものは、もしかしたら、いまわれわれの周りに埋もれてしまっている場所（空間）を発見し、それを芸術の拠点として再生するようなささやかなものかもしれない。皮肉たっぷりに「箱物」といわれるだけの新しい美術館をつくるより、その建築の根本的あり方を運営プログラムも含めて工夫する必要がある。先に述べたような、美術館とはまったく違う機能と共存することで、来訪者たちにとって新しい振る舞い方を見つけられるような場所づくりを目指したい。

芸術を日常の一部にする

日常のなかに芸術を取り込むことは、なにも難しいことではない。勝手に芸術を自分とは遠いものとして「敷居」を高くしないで、決定的な体験をするだけで、ものの見方はガラッと変わるもの。

たとえば、美術館に行きたくなるような感性をそれぞれが自身のなかに育むためには、常日頃から過ごす家のなかに芸術を取り込み、芸術作品と接する時間を長くもつことが、小さなはじまりとなる。

より身近なものとして芸術作品に触れることは、自分の身体感覚を更新する。お気に入りの絵画や写真を購入し、自分の生活空間に飾ってみることで、アートが日常のなかで本領を発揮する。このとき、身銭を切ることが大切である。いまの家には見なくなってしまった和室の床の間なども、本来はお客さんへのおもてなしとして、掛け軸や生花を飾るための空間だったはずだ。

良質な芸術作品というものは、飾られたその場所の空気を呼吸して、ゆっくりと空間を変容させる力をもつ。同じ絵でも、玄関に飾られるのと、寝室、廊下、あるいはキッチンに飾られるのでは印象は一変する。絵を見て、少し気持ちが晴れたり、なにかを語りかけられたような気持ちになったりすることは、多々ある。

気づけば、その作品がそこになくてはならない存在となっていくことこそ、作品が空間の空気を呼吸している証明といえる。そうした芸術が作用する時間を継続することで、美的なシグナルを受信する身体的センサーの感度が上がり、自分のなかの美意識が自然と磨かれていく。

芸術との距離感を縮め、個々人が心を豊かにするアートをより身近なものにすることで、美術館もより馴染みやすい場所になるだろう。日常の一部になった芸術は、生きていくうえでなくてはならないものとなる。あのショーヴェの洞窟壁画が、神秘的な輝きをいまなお放ち続けているように。また、芸術作品をたしかな文脈のなかで保存し、未来へとしっかり継承していくことができれば、美術館という建築は、人間にとってもっとも重要な「記憶の器」としての役割を果たし続けることだろう。

第六話

地域に開く学校

学校において、どうすれば「学び」を最大限発動させられるのか。子どもたちがすっかり管理され、教育を学校サイドに一手に任せてしまっていることに、閉塞感がある。学びのチャンスは、もっと多様な環境にこそあるはず。学校と地域がもっと手を取り合うことが、最初の打開策になるかもしれない。

母校のもの悲しい表情

先日、私の恩師である美術の先生に呼ばれて、母校の早稲田大学本庄高等学院を訪問した。埼玉県の北部に位置する本庄という街の、スズメバチも出るような野生の森が残る山の上にある高校だ。それが、いつの間にか開発され、目の前に新幹線の駅ができ、男子校だったのが共学校となった。走り回っていたグラウンドも姿を消し、大きな駐車場になっていた。加えて、少し離れたところに真新しいキャンパスが完成し、立派な打ち放しコンクリートの（今となっては）旧キャンパスは、体育館と大ホールだけが使用され、その他の校舎は、さながら廃墟となってしまっていた。

卒業してからわずか十八年の話である。母校の声なき建築のもの悲しい表情から、その時間の短さと長さを妙に実感し、心が少し重くなった。

私は、後輩の高校生たちに進路指導の一環として「建築家として働くこと」についてのミニ・レクチャーをするために再訪した。自分が通った高校の大ホールの壇上に上がったのは、バンドをやっていた二年生の学園祭のとき以来二度目になるが、不思議な感覚にとらわれた。タイムスリップしたかのように、ビートルズのナンバーを熱唱する高校時代の自分がはっきりと、生々しく脳裏に浮かんだ。ホール内部に見える視覚的な情報が変化していないことも然《さ》ることながら、あの場所に漂う香りが一切変わっていないことに気がついた。嗅覚は、五感のなかでも特に記憶との結びつきが強いのかもしれない。

私はこのとき、学校とは、あまり変わることなく、ずっと丁寧にその姿を維持していくことが理想的だと思った。変化しないことこそが、学びのための創造的プラットフォームとしてふさわしいあり方だと感じたのである。卒業生たちがひょんなことでふと帰ってきても、当時の佇《たたず》まいそのままに「おかえり」といってくれるようなキャンパスの存在が、ひとつの定点としてどれだけ大切かを実感した。

では、どうすればそのようなキャンパスという空間ができるのだろうか。

「スピーカーズ・コーナー」

とっかかりとして、ある集団のなかに「学びの構造」がいかにして成り立つかについて考えてみたい。まずは、なにより先生が必要となる。それは、だれでもいい。集団に対して、なにかを伝えたいという誠実かつ切実な想いと、責任さえあれば、だれだって先生になれる。教室のなかにみんなと一緒に座っていたひとが教壇に上がって、彼らと同じ方向を向くのではなく、彼らと対面し、語りかけることで、ひとはだれでも文字通り「先生」になる。

この「教える／教えられる」関係が、学びにとって核となる。

私も数年前から大学で教える立場になって、わかったことなのだが、これだけの知識と経験を身につけたら先生になれる、といった基準、もしくは境界線など存在しない。むしろ、先生という立場になったからこそ、自分の考えを正確に伝えたくて、より勉強するようになった気がする。

ロンドンの中心にあるハイド・パークの一角では、日曜日になると「スピーカーズ・コーナー」という古くからの習慣がある。なにもない公園でただ集まって語り合うのだが、そこでは活発な議論と対話がうまれる。これこそが、ひとつの学びの理想の形といえる。その都度替わっていくスピーカーがまさに先生役を務め、みんなで健全な意見交換をする。つまりは、ご縁があって先生という靴を履いたその瞬間《とき》から、先生になると私は考えている。先に「だれだって先生になれる」と書いたのも、それ故である。

建築と直接交流する「掃除」

さて、次にいよいよどのような校舎が建築として求められているかを考えたい。

なにをおいても、学校は創造的で、美しくなければならない。と私は思っている。窓から心地よい太陽光が差し込み、緑豊かな校庭が見え、内部と外部が自然と繋がっているような風通しのいい学校がそうである。昔の木造の校舎などは、檜《ひのき》や杉などの最良の素材を使ってつくられていたために、子どもたちはそれぞれの感性を自然と磨くことができた。幼いうちからよいものに囲まれていることで、物質に対する高い美意識が自ずと形成されるだろう。

木目の美しく、手触りのよい木の机や椅子《いす》で勉強した経験をもつ子どもは、安物のプラスチック製の家具で勉強するのとでは、内容に対する理解においても必ず違いがうまれることを感覚的に知っている。また、黒板や床板は、味わいのある経年変化をするものだ。よい歳《とし》の取り方をするということで、空間に対するある種の時間感覚が育まれる。机の傷なども、受け取り方次第では、先輩からのメッセージであり、学校をみんなで共有している感覚さえ湧いてくる。

加えて、毎日みんなで教室の掃除をするということも忘れてはならない。建物を長持ちさせ、子どもたちが自分の学びの場に対して愛着をもつためには、やはり欠かせない。雑巾掛けなどの掃除を介して、校舎とダイレクトにかかわりながら、自分たちの共有物であると感じたならば、卒業までのあいだ、一時的に間借りしているという謙虚な気持ちが発芽する。

思えば、アメリカの小学校やカナダの中学校に通っていたとき、掃除の時間がなかった。あっちの小中学校では、生徒が掃除をしないで、清掃員のひとが雇われている。この、自分で掃除をしないということは、クラスルームが清潔であるかないかということを超えて、どこか深い部分で子どもたちが建築と直接交流することのできないところに決定的な問題がある。

学校が清掃員を雇うことは、欧米の教育方針が子どもたちの自立を促すことを優先しているのにも関係しているのかもしれない。幼いうちから近所の芝刈りなどをして自分のお小遣いを稼ぐように。しかし、清掃員を雇い、子どもたちが掃除することをアウトソーシングしてしまうことには、疑問を感じる。なぜなら、掃除をしてもらうということは、清掃員に報酬を払うことで成立し、サービスとなってしまう。子どもたちにとっては、彼ら清掃員に対する感謝の気持ちが芽生えたとしても、どこか上から目線の消費者感覚がうまれてしまうからだ。すると、ちゃんと掃除されていない場所に対するクレームが出てきたりして、まったく学びの契機にならない。つまり、自分が学ぶ場所は自分で整える。この基本が忘れられるのだ。

木の床のある教室は、声の通りがよい

さらには、アメリカの校舎はブロックを積んだ壁に原色のカラフルなペンキが塗ってあったり、床がビニールタイルだったりすることが多く、日本の木の床とは、かなり雰囲気が違っていた。日本の校舎が上履きに履き替えるのに対して、アメリカでは土足のまま校内で過ごすことにも関係がありそうだ。いずれにしろ、アメリカの学校の教室に流れる空気の質、漂う香りがあまり創造的ではなかったように、私には感じられた。

なにより声の響き方がまるで違う。それは、壁や床の素材の違いや、天井の高さの違いからくる反響の違いだが、アメリカやカナダの学校は、すごく冷たく、ドライな印象を受けたのに対して、日本の木の床のある教室は、温かくて、もっぱら先生の声の通りがよい。リバーブの効いた先生の声によって、なんだかものすごく賢いひとのように思えたことは、学びの空間として重要な要素であったように思う。

海外の学校のように教室が物理的に重い壁で区画されていると、教室間の防音性は高く、独立性は確保できるもの。軽い木の壁でのみ分け隔てられていると、教室間の声はどうしても漏れてしまう。

しかし、必ずしも自分たち以外の音がすべてノイズとなって学習の邪魔をしているわけではない。外から小鳥のさえずりや、校庭で体育の授業をしている下級生の声が聞こえたからといって、勉強ができないわけではないはずだ。むしろ、そうした環境にアジャストする能力こそが求められ、集中して授業が受けられるようになるとも考えられないだろうか。

十六世紀の画家ピーテル・ブリューゲルの描いた《子供の遊戯》という名画がある。そこに描かれている子どもたちの遊びの自由さにこそ、子どもたちの本質が見え隠れする。つまり、子どもたちは、学校のありとあらゆる場所を自ら発見し、自分たちの遊びを発明してしまう遊びの天才なのだ。

そのため、学校が閉じられた教室の集合体としてつくられるのか、もしくは、オープンクラスといった柔軟性のある広いスペースを工夫して使っていくかは、ケースバイケースで考えていかなければならない課題である。なぜなら、学校では、子どもたちがブリューゲルの絵画のように、空間の楽しい使い方を、新しい遊びを自ら発明するように、自分たちで見つけていくことが、最高の学びとなるからだ。

「建築」の基本を教える授業

続けて、学校のなかでの教育についても考えてみたい。私は、子どもの頃から図工よりも大きな意味で「ものをつくる」ことの楽しみを伝えるためにも、「建築」の基本を教えるような授業があるといいのではないかと思っている。だれもが衣食住にかかわりながら建物のなかで生活していることを思えば、もう少し本質的な部分で、わかりやすく子どものうちに建築のことを知る機会がもっとあるとよい。これは、コミュニケーションの問題である。つまり、建築のことを知ることで、身体感覚を介して空間と対話する方法を子どもの頃から身につけられたら画期的だと思う。

たとえば、童話『三匹の子豚』の話が、藁《わら》と木、レンガの家について、オオカミによって吹き飛ばされないレンガの家が丈夫であることを教えてくれるように、建築も多面的な切り口があり、より親しみやすい対象となることができると信じている。あるいは、子どもたちと山に入って、木を伐《き》ることから、製材し、乾燥させて、木造の家をつくる現場を見せることで、自然の恵みをいただいて建築がつくられていることを知ってもらうこともいいだろう。都市化することによる環境問題などを考えるために、バージニア・リー・バートンの『ちいさいおうち』をみんなで読み、話し合うのもいい。

また、防災などについても、ありふれた避難訓練という形式にこだわらず、もっと建物のことを本質的に理解するための包括的で面白いプログラムを考えることもできるのではないだろうか。

そこで、子どもたちが健全な学びの構造を継続するためには、自分の知らない「大きなもの」と対峙することを繰り返す必要がある。それが、文学であれ、数学であれ、芸術であっても、世界が圧倒的に広いことを知らなければ、ひとは成長し得ない。いかにして、高い緊張感をもって学び続けることができるかは、失敗も含めて、そうした学びの経験がしっかりと定着できるかにかかっている。

一緒に学ぶ心の通った仲間の存在も不可欠だ。自分とは似て非なる存在としての「Peer《ピア》（仲間）」がいることで、集団としての生き延び方を学んでいく。自分の感覚をいつでも更新してくれるような環境でこそ、自由な創造力は育まれていく。利便性や効率性だけを優先するのではなく、大きな共同体のなかでしか、オープンマインドな知性を育てることはできない。

学校のなかに「生産の場」を設ける

そのためには、学校が学校だけで完結しないで、やはりいま一度地域に開くことを提案したい。学校が孤立するのではなく、社会と協働することで、お互いが補完し合う関係をつくれないだろうか。そもそも、寺子屋など地域の学びの場が明治時代に制度としての小学校に整えられたことを思えば、学校と地域が再び歩み寄ることが望ましい。つまり、学校の教育を先生だけに委ねるのでなく、昔の寺子屋のように地域の雑多な大人たちにも自由に参加してもらえるシステムを構築するのである。

先にも述べたように、だれだって先生になれるように、子どもたちにとって、いろんなひとと接する機会が自然と増えれば、モラルの問題としても世界の異なる多様な考え方も同居し得る強靭な価値観が築きあげられるようになるかもしれない。

具体的には、放課後の教室をコミュニティーセンターなどに開放し、地域のひとたちの交流拠点をつくることで、子どもたちとのイベントなどを企画しても面白い。特別な目的などなくても、ただ集まれる自分たちの居場所を地域ごとにつくればいい。

図書館や体育館、プールも、使っていないときは、積極的に地元のひとに利用してもらってもいいだろう。

こうして、学校が再生していくためにも、地域社会と密に寄り添いながら、それぞれの特性をいかした身の丈に合った方法で学校にないものを補完しながら、子どもたちの目線になって、学びの意欲をかき立てるようなこれからの学校のあり方を開拓することが不可欠となってくる。

ひとつのヒントとして、学校のなかに「生産の場」を設けることは有効だと考える。なにかをうみ出す新しいシステムを、経済的にも継続可能な方法で運営すること。たとえば給食をつくり終えた厨房を午後になったら、地域のベテラン主婦の方々などに開放し、近所のひとたちで出資して、登録制の共同食堂をつくるのは、どうだろうか。親が共働きである子どもたちの孤食は、大きな社会問題となりつつあり、みんなで食事をする機会を学校が提供できれば、それは学童保育の延長としても活用の余地がありそうだ。工作室を開放し、家具などをつくる工房として運営するのもいいかもしれない。

大切なのは、顔の見える地域社会に対して学校を開くこと。防犯に関しても、子どもたちとその親たちだけで解決できる問題などではなく、地域社会全体で目を光らせて、安全な街をみんなが参加しながら築くほうが理にかなっている。時間がかかっても、やはり学びの場である学校と地域社会が相互扶助しながら、開かれた関係をもつことには、多くの可能性が広がっている。

卒業生としては、数年前から使用されなくなってしまったわが母校も、ぜひとも周辺の地域の方々と知恵を出し合って、再生してほしいと心より願うばかりである。

と対話するスケッチ

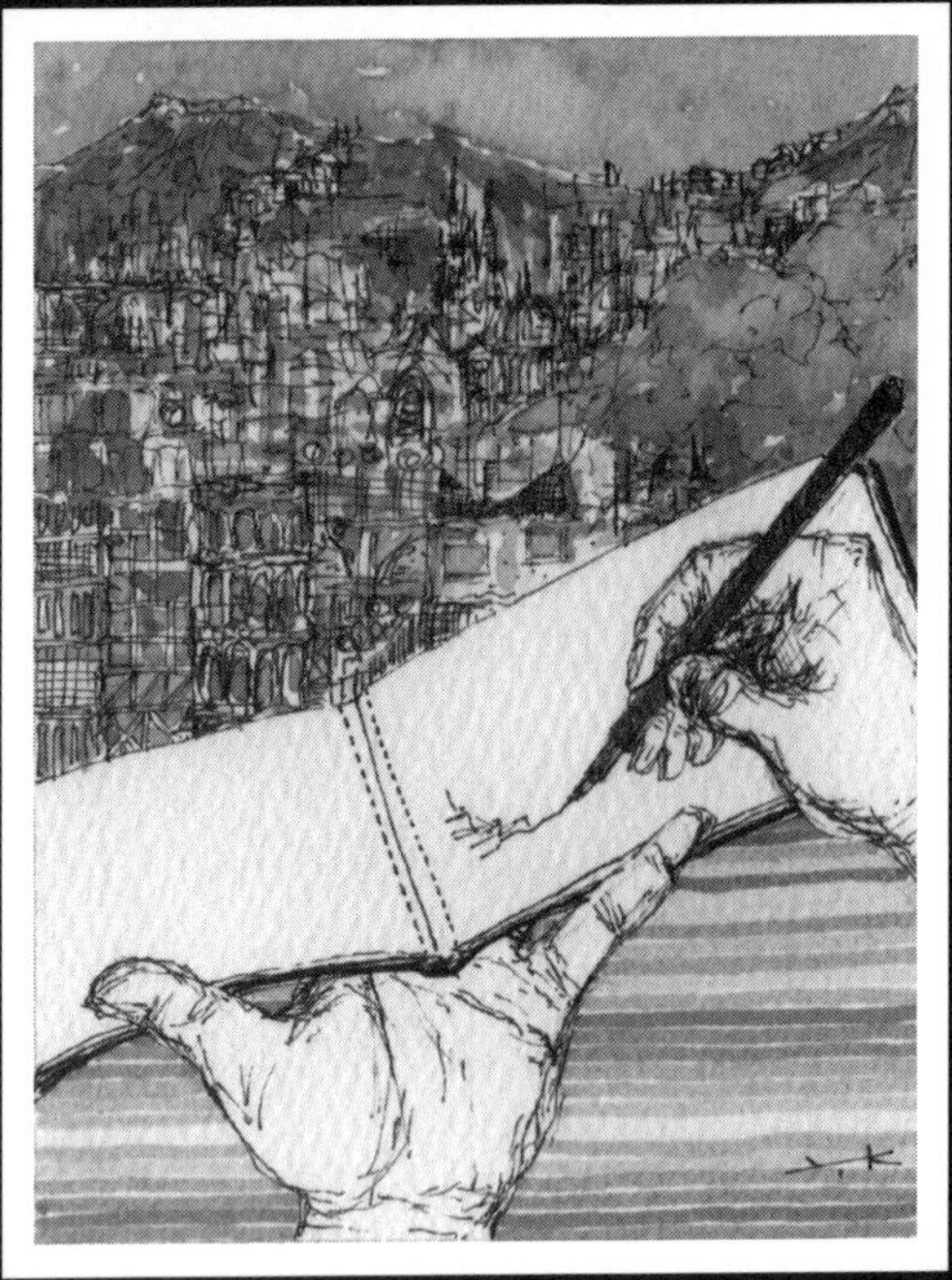

美をストックしていく感覚

敬愛する建築家のル・コルビュジエが描いた一枚のスケッチを、学生時代にはじめて見て以来ずっと忘れられないでいる。写実的な意味において、決して上手いというわけではないのに、強く惹かれるものがあった。

建築の起源はいったいどこにあるのかという切実な問題を抱え、自分の眼でたしかめるために若きコルビュジエは、ギリシャへと旅立った。アテネにあるアクロポリスの丘にそびえ立つパルテノン神殿を前にしてコルビュジエは、きっと絶句したのだろう。あまりにも長い時間、ずっとその場所にあり続けた石の建築の放つエネルギーを肌でヒシヒシと感じたのではないか、と想像する。

彼は、二千四百年以上も前からそこに建つ強烈な建築に可能なかぎり接近し、柱と柱のあいだからのぞく風景を鉛筆で力強く描いている。それは、私たちが教科書で見るようなパルテノン神殿と違って、建築家コルビュジエ自身がアクロポリスの丘に行って感じた興奮と思考が、勢いある線の軌跡にぎっしりと詰まった素晴らしいスケッチである。

アメリカのモダニズムを牽引《けんいん》した建築家ルイス・カーン（一九〇一～一九七四）もまたコルビュジエ同様、アテネへの旅で、アクロポリスの丘をスケッチしている。こちらは対照的

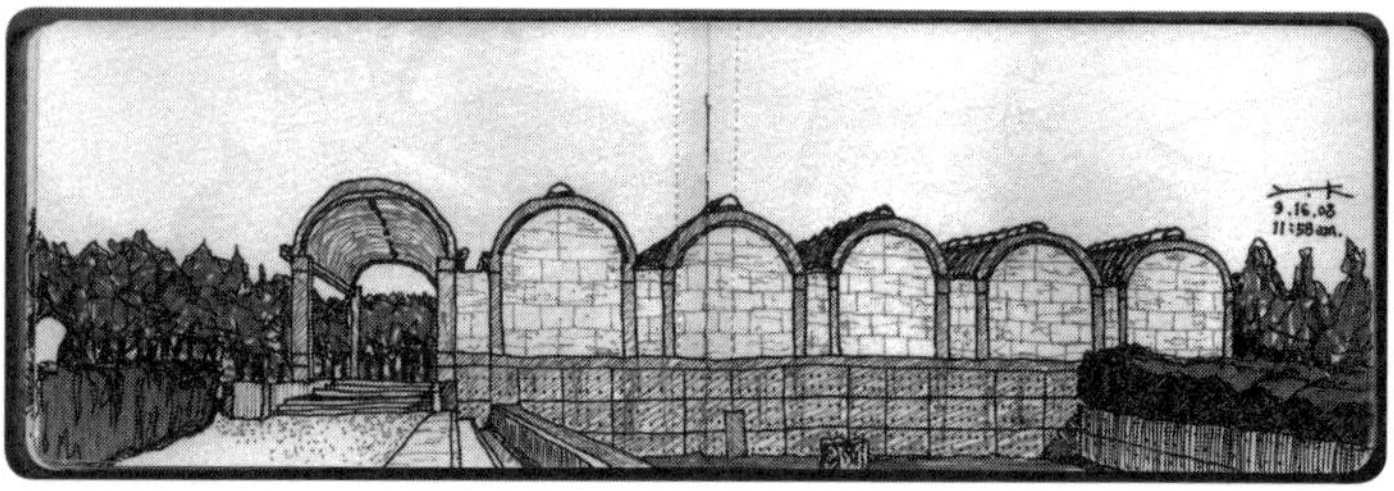
キンベル美術館のスケッチ

に、空まで黒く塗られた写実的な表現が印象的な一枚だ。《ブリティッシュ・アートセンター》や《キンベル美術館》など数々の名建築を世に残し、光の魔術師といわれたカーンらしく、そのスケッチにも陰影がくっきりと描かれているのが、特徴的である。筆圧が力強く、この不滅の廃墟から建築にとって大切な威厳のようなものがはっきりと表現されている。ふたりの偉大な建築家のスケッチを二枚並べてみると、いかにスケッチが建築を考えるための種となり、彼らの大切な骨身となって育まれていったかを教えてくれる。

私も、コルビュジエやカーンのように建築を少しでも理解したいという気持ちを胸に、学生時代からいつも旅に出てスケッチしている。魅力的な建築を前にして心が躍り、真っ白い紙にペンを走らせていく。結論から先に述べると、私にとってスケッチブックにスケッチする行為は、自分のなかに美をストックしていく感覚なのである。目の前の建築と対峙しながら、自分なりの空間に対する解釈を描き込んでいく大切な営み。お気に入りのモレスキンのスケッチブックと、〇・一ミリメートルの製図用のサクラ・ピグマのペンさえあれば、最高の旅ができる。

自分のなかに取り込まれた内なる景色

なにかを描くこと、ペン先から紙の上に摩擦とともにインクがこすれて線となることは、自分の視覚情報がたしかな身体感覚としての実感を伴って定着し、新しい形が写し取られる大事な時間だ。実際の風景は、だれが見ても同じかもしれないが、そこから自分のなかに取り込まれた内なる景色は、きっと同じではない。なにも、見たとおりに描かなくてもよい。ひとそれぞれ個別のイメージを描けばいい。口から食べた物が胃や腸を通って身体に取り込まれるように、眼から入ってくる情報が脳を介して指に伝達され、紙の上に再構築される。

考えてみると、世界のなにもかもが動いている。空気も振動し、描いている対象自体が動き続けるなか、厳密には自分の眼球もわずかに動くので、そうした「動き」を含めた一回性の体験を静止させて、ひとつの風景を切り取ろうとする。その過程において自分の五感で受信した不定形なシグナルが、固有のメッセージとなっていくものに形を与える作業。感じたようにスケッチする。描きたいように自由に描く。

まず、紙の上で簡単な構図だけを確認し、下描きなしで描きはじめる。やり直しの利かない緊張感で夢中になって筆を走らせる。対峙している風景を自分なりにスキャニングすることで、対象に深くコミットしていく。ある建築、あるいは自然を前にしたときに感じる、あの言葉にならない興奮を鎮めるように、スケッチし、風景との「対話」を重ねることで、自分のなかにひとつの解釈がその都度ゆっくりと築き上げられていく。

この対話こそがなにより重要である。なぜなら、見ている風景をより深く観察することでいろんな入力があり、建築が少しずつ自分のものになっていく幸福な実感が湧いてくるからだ。それは、カメラのファインダーをのぞいて、一瞬のうちにシャッターを切ることではつかまえることの難しい、架空の対話である。自分がなぜ目の前の建築に魅せられるのかという問いからはじまる無意識の時間。もちろん、わからないことばかりである。

この建築と大地は、周りの環境といかなる関係性になっているのか、どうしてあの窓はあそこにあの大きさで、あの形で開けられたのか、屋根の造形はどのようにして決められたのか、どのような材料でどうやってあの壁はつくられたのか、雨水はどこへ流れていくのだろうか、などとたくさんの疑問が、浮かんでは消えていく。

私の場合は、その建築を設計した建築家たちの声に耳を澄ませて、その意図を汲み取ろうとすることが多い。正解のない問いに対するチャレンジの連続なのだ。

空間と呼吸が合う感覚

旅に出て、見たことのない風景を前にすると、自分の身体に備えられたセンサーが敏感に反応する。名建築には、必ず豊かな表情があるからだ。視覚的に惹かれるものもあれば、どこか霊的なものに触れるかのような感覚で、有無もいわさず心を鷲掴《わしづか》みにされることもある。

不思議なもので、スケッチをしながら長時間その対象と向き合っていると、風景が静かに変容してくるのを感じる。空間と呼吸が合ってくるようになる。持っているペンの感覚もなくなり、すっかりペンと同化してしまい、まるで指の延長であるかのように思えてくる。自分と風景の境界線が徐々に溶けていき、一体化していく。それは、見えているものの背景に潜む、見えないものとのコミュニケーションがはじまる瞬間なのかもしれない。

スケッチをすることとは、そうした見える世界から、自分の内側にスキャニングされた結果、立ち上がる固有な光景を捉える行為であり、同時に、見えないものを知覚しようとする創造的な営みでもある。微細なシグナルに対していかに直観的に反応できるか、すなわち、五感でもって建築の力を感じ取ろうとしている。

生物学者のヤーコプ・フォン・ユクスキュル（一八六四〜一九四四）は、古典的名著『生物から見た世界』（新思索社、ゲオルク・クリサートとの共著）のなかで、「あらゆる生物はそれぞれ独自の世界に住んでいて、その世界の中心はその生物自身であることを語ろうとする」と述べている。実際の外の環境とは別に、ダニにはダニが知覚する「環境世界」があることを教えてくれる。つまり、私が旅でスケッチを描く行為は、外の環境に対して相互に働きかける営みであり、その結果として私のなかに新しい「環境世界」がうまれる。あるいは、ペンを握りながらスケッチすることで、はじめて思考することが可能になり、自分の「環境世界」に新しい情報をインプットすることができると言い換えてもよい。描きながら、考える。そうした目の前の建築との架空の対話を通して、先人の建築家たちがいかにして強靭かつ豊かな空間をつくり上げたのかを想像し、そこに宿った空間の意志らしきものが自分なりの解釈へと繋がる思考の機会を得る。

そういう意味においては、描くことそのものよりも、先行する見ることのほうがよほど大切なのだ。身体感覚としては、指よりも目が先にある。建築を成り立たせている「美」の在処《ありか》を、自分なりに理解しようとして、線を重ねていく。批評家の福田恆存《つねあり》は『藝術とは何か』（中公文庫）のなかで「美とは時間の空間化、空間化された時間を、意味するもの」と、はっきり述べている。流れる時間を空間化するためには、目に見えるものだけでなく、その背後にある不可視なものに対するセンサーの感度を上げて、建築の物語を紡《つむ》ぎたい。建築のプロポーションや素材について、様式や歴史について、もしくは街そのものの空気について、より深く観察することから次々と新しい発見がもたらされていく。

文字のない「絵日記」

感覚を研ぎ澄まして建築と向き合うと、ゆっくりと建築の声が聴こえてくる。そのためには、やはり時間が不可欠だ。一定のリズムで流れる等質な時間というよりも、伸び縮みする自分だけの時間感覚。最初は対立的に存在した目の前の風景が、スケッチしながら交わり合うことで、静かに自分が同化していく。まるで時間を忘れるようにスローモーションで流れることがある。ユクスキュルの時間に関する考察も示唆に富んでいる。

「あらゆる出来事の枠を作っている時というものは、その内容が色とりどりに変化してい

バルセロナのスケッチ

るのに対して、われわれの目にはただつねに客観的に固定しているもののように映る。そうして、われわれは今、主体がその環境世界の時間を支配しているのを見た。今までは、時間がなければ生命を有するいかなる主体も存在しないと言われていた。いまや、われわれは、生きた主体がなければ、いかなる時間も存在しえないと言わなければならないのである」（前掲書）

それ故に、スケッチには視覚情報以上に、建築体験そのものの記憶がしっかりと定着されていく。私にとってスケッチは、なにより大切な旅の記録装置となる。だからスケッチを終えると必ずサインを入れる。描き終えた時間まで書き込んでいる。文章の終止符と同じように、そのときの多くの体験を後に鮮明に思い出すことができると気づいたからだ。私にとってスケッチとは、文字のない「絵日記」である。

ポルトガルの都市ポルトの石畳の感触や、バルセロナの街に流れる風の心地よさ、フィレンツェに流れる街の音楽など、さまざまなことを高い解像度でもって思い起こすことができるほど、描いている体験そのものが、スケッチのなかにそっくりそのまま冷凍保存される感覚がある。何百枚ものスケッチが、いまの建築家としての私をつくっている。

少なくとも私にとっては、こうしたインプットなくしては、旅の時間は、あっさり忘却されてしまう。スケッチができなかった旅は、簡単に忘れてしまう。私の場合、旅をすることは、物理的に移動することで担保されるのではなく、スケッチすることで確保されているようだ。逆にいったらスケッチさえしていたら、日常の風景や時間のなかでさえも「旅の感覚」を取り戻すことができる。

そうして蓄えられた美のサンプルは、生物学者の福岡伸一が「生命、自然、環境——そこで生起する、すべての現象の核心を解くキーワード」(『動的平衡』、木楽舎)として定義している「動的平衡性」をもって、自分のなかで絶えず大きく変化し続ける美意識や、価値観を形成していく。衝撃を受けた体験は、スケッチとともに自分のなかに深く刻まれ、そうでなかったものはゆっくりと忘れられていく。

敷地との対話

このストックされた流れるような体験が、建築を設計する際にクライアントや職人たちと対話を重ねて、アイデアを発展させるための「物差し」になっている。ある建築を設計する際にアイデアをうみ出すのは、目の前の建築を描く旅のスケッチ（インプット）とは正反対の行為であり、自分の環境世界のなかから今度は、最適解をすくい出していく（アウトプット）行為である。旅のスケッチが太陽の光を必要とするのに対して、アウトプットとしての創作のスケッチは太陽の光を必要としないともいえる。

後者のスケッチをするときには、敷地との対話を私はもっとも大切にしている。とくに依頼を受けてはじめて敷地に行ったときのファーストコンタクトを、一番楽しみにしている。

この場所は、いったいどんな建築を求めているのだろうか。自分のなかで更新し続けている空間の地図のようなものから、この敷地にフィットするものがなにかを感じるように、あれこれと想像力を働かせて考える。敷地からいかにして魅力的な要素を見つけられるかは、建築家のもっとも大事な資質のひとつであるといっても過言ではない。

旅のスケッチでインプットされたイメージの断片から、取捨選択していくようにデザイン行為を展開していく。そのとき、その場所で抱いたイメージにもっともふさわしいと感じたイメージをブリコラージュしていく。文化人類学者のレヴィ＝ストロースは、自分でなんの役に立つかわからずして、森のなかで直感的に物を拾い、蓄えて、しかるべき状態においてその物を役に立つように機能させること（ブリコラージュ）を教えてくれた。旅のスケッチによって蓄積された脳内の美のサンプルも、いかようにして建築設計において具体的にいかされるかは、正直私自身にもはっきりとは、わからない。

しかし、旅のスケッチを通して、建築に対する多くの解釈を積み重ねた自分の身体感覚に基づいた環境世界を頼りに、敷地の声なき声に耳を澄ませて、クライアントの要望を聞き、デザインのためのスケッチを進めていくのである。建築を設計する初期段階においては、自分のなかで風景との対話を重ねた旅のスケッチが、ひとつの道標《みちしるべ》となり、新しい建築を模索する創作スケッチへと変換されていく。

第七話

人々が行き交う場所

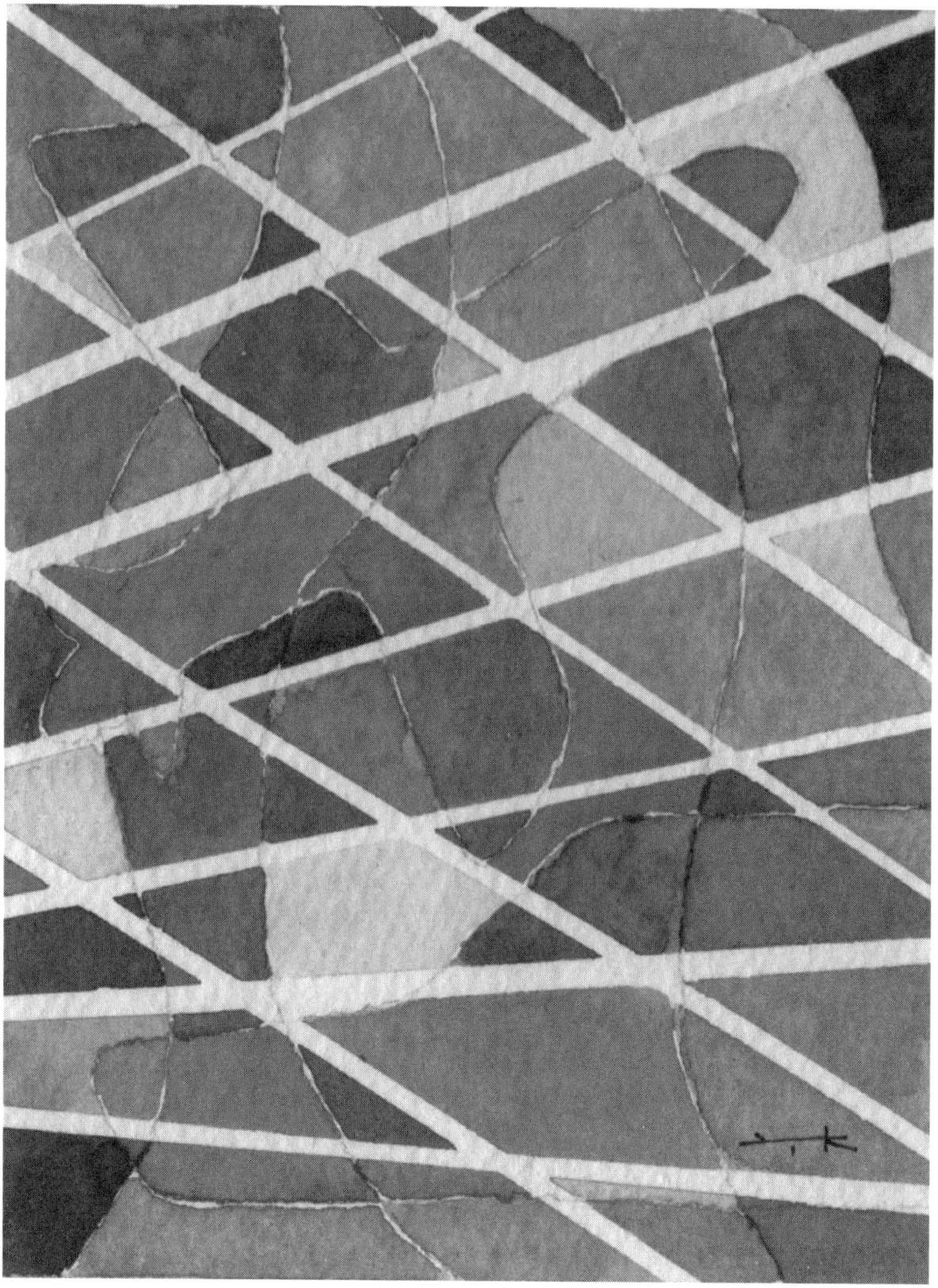

どんな旅も、駅や空港などのターミナル建築からはじまる。そうした建築は、単なる通過点ではない。これからの旅に想いを馳せて、わくわくするのも、地元に帰ってくると、「おかえり」と迎えてくれるのも、ターミナル建築だ。多くのひとが行き交う場所には、それだけの物語が時間とともに、ゆっくり堆積《たいせき》されていく。

ミラノ中央駅

大きな傘に包み込まれるような感覚

夏の夕暮れ時に、電車がゆっくりと減速し、重たい窓を開けると鋭い西日とともに欧州らしい乾いた風が、イタリア鉄道のインターシティ列車のなかに入ってくる。三人が向かい合うコンパートメントの六人掛けの椅子に座って、車窓から見えるミラノ中央駅の風景は、あまりにも美しい。遠くに見える駅舎に向かって、連続する繊細な鉄骨アーチのなかに吸い込まれていく。チケットコントロールはすべて電車内で行われるため、構内にバリアをつくってしまう自動改札口もなく、ごくごく自然と街へと連続していて気持ちがいい。その大きな傘に包み込まれるような感覚に心が安らぎ、まるで駅舎に祝福されているようである。

ミラノ中央駅に降り立ったとき、私は一枚の絵画を思い出す。印象派の巨匠クロード・モネが描いた《サン・ラザール駅》が、それだ。駅に入ってくる蒸気機関車が吐き出す煙と、フランスの青空に浮かぶ雲が絶妙に調和して、切妻屋根《きりづまやね》の駅舎の軽やかな天井に守られているような印象をよく表している絵画である。壮大な駅舎に響く、乾いた警笛や活気溢れる街の声が聴こえてきそうな一枚だ。この名画が飾られているパリの《オルセー美術館》もまた、昔は駅舎だった建築というのも興味深い。

ひとは、自分の想像を超える美しさやスケールのものと対峙すると、言葉を失うことがある。それが、自然の山であってもそうだが、とりわけ人工物であればなおのこと、そのつくられ方に想いを馳せて、絶句する。はじめての体験のはずが、どこか懐かしさのような感情が心に芽生えることさえある。ミラノ中央駅がもっている鉄骨造りの繊細な佇まいも、モネの絵画の捉える柔らかい印象も、あらゆるひとを一気に包含するような駅舎がもつ圧巻のスケールによって放たれたエネルギーの証《あかし》だと考える。

新しい場所への「扉」として機能する建築

駅舎や空港は、旅の大事な拠点である。現代文明において、人間が高速で移動することが容易になった。実際は駅舎と駅舎、もしくは空港から空港へと移動することで旅がはじまり、旅が終わる。旅が日常化した現代において、都市と都市のあいだを電車であれ、飛行機であれ、移動するときのファーストコンタクトこそが、ターミナル建築である。しかし、ターミナル建築は、アクセスの拠点であり、旅の端であっても、そこに行くことや、滞在すること自体は、目的にならない。新しい場所への「扉」として機能する建築。それぞれの街の玄関口なのだ。

飛行機は、スペースシャトルを除けば、われわれがもっとも速く移動できる乗り物である。滑走路で勢いをつけて空を飛び、雲の上を移動する。目的地の付近に来ると、下降して、滑走路にランディングするため、移動中の風景のほとんどは、雲の上である。モコモコした雲の絨毯《じゅうたん》を眺めたり、山々や農地のパッチワークをグーグルアースのごとく上空から見たりしても、移動しているスピードを実感することは、なかなか難しい。なので、飛行機に乗り降りする場所である空港が、旅の記憶の両端を占めることになる。

国が替われば、そこにいるひとも、言語も、貨幣も違う。文化や価値観も違って当たり前だ。緯度経度が違えば、同じ太陽でも、光の角度だって違い、天候によっても、そこに漂う空気はまったく異質なものに変容する。オーストラリアのサンタクロースがサーフィンをしているように、北半球で冬だったのが、南半球では夏ということもある。そうした変化、あるいは違いをそれぞれの空港建築が体現することができたらどうだろうか。

私の印象としては、なんとなく世界の空港建築は、どこも似たり寄ったりな要領のいいデザインの印象が強い。あまり深く記憶に残るような風景を提示してくれないように思えてならない。空港建築を構成している素材がコンクリートとガラスという具合にグローバル化しており、世界中のどこに行っても同じで退屈である。デザインにおいても特別な様式などはなく、モダンで当たり障《さわ》りのないものが多いように見受けられるからだ。空港その場所の文化や歴史性と切り離されてしまい、空間としてまったく心に響かない。空港のなかにあるレストランやカフェ、免税店などのお店のブランドもグローバル化されて、すっかり見慣れてしまったことも、空港がどこも似た印象を与える要因となっていることは間違いない。ほどよく空調された空港で流れるポップミュージックさえ、どこも類似しているありさまだ。それこそが経済合理性を追求した資本主義の画一化された風景なのかもしれない。

歓迎の挨拶をしてくれるような優しい空間

空港のようなターミナル建築というものは、パスポートコントロールという大切な仕事を果たせば、あとは旅の拠点として、なるべくスムーズに都市へと連結できればいいという考え方もできる。そういう意味では、空港は、場所のようで場所ではないということもできる。遠くに旅立つ息子との別れや、恋人たちのドラマチックな再会の場であっても、そこは基本的に滞在する空間ではなく、人々が通り過ぎていく場所であることは、特徴的である。

物理的な移動による変化のバッファゾーン（緩衝地帯）としてターミナル建築は存在し、なるべく前にいた都市と新しい都市との接続が負担なく、なめらかにつながるための舞台として機能しなければならない。そこで、「いってらっしゃい」や「おかえり」という歓迎の挨拶をしてくれるような優しい空間が求められる。おもてなしの空間として空港が機能するためには、手入れが行き届き清潔に保たれなければならない。ターミナル建築は、決してなにかを強く主張するものではなく、ごくごく自然と来客者たちを新しい場所へと誘《いざな》うように通過するゲート（門）としての佇まいが要求される。

合理的に設計されてわかりやすい動線計画は、絶対条件だろう。ただでさえ移動して疲れているので、極力最短距離でゲートを出て、街へ繰り出したい。その国の言語が読めなくてもわかるような、色使いなども工夫した適切なサイン計画も大事になってくる。

さらに、ちょっとした休めるベンチや、緑が配置されたりした気配りが施されているとよい。ニューヨークにあるJFK（ジョン・F・ケネディ）国際空港の《TWA（トランス・ワールド航空）ターミナル》は、モダニズムの先駆的なフィンランドの建築家エーロ・サーリネン（一九一〇～一九六五）によって設計され、有機的なデザインが印象的な建築である（二〇〇九年に閉鎖）。この鳥が羽を広げたような造形をした空港に流れる空気感は、一度体験すると、忘れることがない特別なものである。それが、なによりニューヨークという街に来た、という実感をもたらしてくれるようになるからだ。

長い時間感覚が共有されることの幸福感

映画監督のスティーヴン・スピルバーグは、このJFK空港を舞台に『ターミナル』(二〇〇四)という映画をつくった。トム・ハンクス演じるビクター・ナボルスキーは、フライト中に自国(クラコウジア共和国という架空の国)が消滅したために、身動きがとれなくなり、英語も話せないのに空港内に閉じ込められることになる。人々が通り過ぎていく空港は、ひとが住まうために準備されていないが、そこに住むという意外性が面白い。彼が空港で働くひとたちと友人になりながら必死に生きていく愉快な映画である。

ターミナル建築の素晴らしさは、冒頭で紹介したミラノ中央駅のように、歴史を感じさせてくれることにあるのではないか。日々たくさんの人々が行き交う駅舎に流れる時間が、過去からずっといまに至るまで脈々と続く時間の端であり、長い時間感覚が共有されることの幸福感。同じ売店で新聞を買うといったルーティンがあると、堆積する時間感覚もわかりやすい。いつも「変わらない」でここにあり続けるということが、ハーバー(港)として利用者の心を安心させる。ずっと変わらぬ風景は、長い時間をかけて街とよく馴染むようになり、同化していく。

世界には、マドリードの《アトーチャ駅》のように、構内に植物園のようなカフェ・テラスがあるものもある。この珍しい駅舎に到着した途端、バックパッカーの私は驚いてしまい、すっかり旅の疲れが吹き飛んだ。砂漠のように乾いた大地が広がる南スペインにあって、突如として現れた緑豊かな潤いが、旅行客を全力で歓迎してくれる。このような、その場所にしか実現できない多様な風景をつくり出す豊かさは、単なる思いつきのアイデアでは実現できない。日本の地方都市によく見られる、へんてこりんな彫刻が設置される殺風景な駅前広場のようなアイデアではない。

しっかりとその場所に根づいた素敵なターミナル建築をつくるのには、どうしたって時間がかかるのだ。地域のひとたちによる公共の感覚が共有された結果でなければ、継続される空間はうまれない。ハードとしての建築の前に、ソフトとしての地域のひとたちの連帯を築き上げる仕組みを考えなければならない。祭りなどのように、ひとが実際に集う機会も必要になってくるだろう。

「通過点」としてのターミナル建築

先に空間が「変わらない」ことをいいこととして述べたが、それは、建築の骨格の話であって、まったくの不変であり続けることを意味しない。建物の老朽化によって、古い駅舎に手を加えなければならないこともある。問題は、単に壊して大きなものに建て替えるスクラップ・アンド・ビルドをするのではなく、検証できるものを緻密《ちみつ》に検証し、発見する努力をすることで、最低限の更新によって駅舎を生まれ変わらせる可能性を追求できないか、ということ。東京駅が美しく再建されたように、山手線唯一の木造駅舎となった原宿駅のあり方についても慎重に進めてもらいたいものだ（二〇一六年六月、東京オリンピック・パラリンピックに向けて駅舎の建て替えを含む工事が発表された）。細部においては、少しずつ時代とともに柔軟に変化する生き生きした空間にこそ、長い時間に耐えるような強度が宿ると考える。

最後に、旅の目的になることがないターミナル建築にとって、「通過点」としてのあり方について考えてみたい。無目的であるからこそ、その土地のひとたちとの共同作業による自然体のプラットフォームをつくることが最高のおもてなし空間となる。使われていなかった高架下などのスペースにお店を誘致して有効利用したりして、マイナーチェンジを重ねながらも、地域社会という集団の集合知がゆっくり反映されながら形成される空間にこそ、愛されるターミナル建築が可能となる。

ＪＦＫ国際空港のように上品なシンボル性も兼ね備えた、街の自慢になるターミナル建築が、それぞれの場所の文化と風土を適度に取り入れた差異を見せてくれることが望ましい。アジアの空港は、地元で採れる竹で天井をつくったり、イスラム文化圏の駅は、床にタイルや絨毯を敷いたり、また、アフリカでは、大きな赤い土壁などがあっても面白い。それぞれのターミナル建築がその国の特徴的な自前の素材でつくられると、その場所のもつ空気が変わり、空間の波長も変化することで独自の音楽が奏でられると、私は思っている。

本当に恐ろしいのは、世界が似たような価値観をもつ人間ばかりになると、そうした人々が集う場所もまた、どこもツルツルピカピカな空間を善《よ》しとするようになってしまい、同型のつまらない建築が反復され続けてしまうことだ。

まずは、各都市を結ぶネットワークである空港や駅舎といったターミナル建築が、それぞれにローカルな要素をたくさん取り入れることからはじめたい。その結果、多様なものが同居する味わい深い強靭な空間が少しずつ出来上がり、世界中の旅人たちを優しく歓迎するだろう。そうした試みの延長線上に、モネの名画の先にある、二十一世紀の駅舎の風景というものが、きっと見つかるだろう。

第八話

高層建築の新しい挑戦

人間の欲望が、建築を上へ上へと伸ばしてきた。それを可能にしたのは、ひとりの建築家の夢だった。これからの建築も、天に向けてひたすら伸びていくのだろうか。いや、違う。国土の七割近くが山林である日本らしく、木造の高層建築という新しい挑戦が、われわれの前に立ちはだかっている。

サン・ジミニャーノの塔たち

サン・ジミニャーノの塔たち

　オリーブの木々に囲まれたイタリア中部の街サン・ジミニャーノの風景を、中世の貴族になった気分で想像してみると面白い。流通の拠点として栄え、商人として築き上げた富や社会的成功に対する純粋な欲望を、建築に託して塔を建てていた時代があった。

　この高さへの挑戦は、自分の地位や権力を見せつけたいという自己顕示《けんじ》欲の現れである。それほど大きくないこのトスカーナ地方の街には、現在も十数本もの石積みの塔がひっそりと建っている。戦争被害がなかったことで、中世の雰囲気をいまに伝えている。

　特徴的なのは、メルヘンチックな印象を与

える先端が尖った屋根ではなく、フラットな直方体であること。石が露出したストイックな表情が、なんとなくモダンな印象を漂わせる独特な風景が目に留まる。その昔には、なんと六二本もの塔が密集していたというから驚きだ。市庁舎や教会が塔を備えることは、防衛としてはもちろんのこと、街のシンボルにもなるし、鐘の音をより遠くまで届けようとしたためであることは容易に想像できる。

けれども、富の象徴として高さを競い合うようにして過剰に建設されたサン・ジミニャーノの塔たちは、中世からいまに残る世界にひとつだけの不思議な風景をつくり上げてしまった。

塔が密集した風景といえば、やはりマンハッタンの摩天楼が真っ先に思い浮かぶ。碁盤の目のように均等に区切られた敷地の上に、《エンパイア・ステート・ビルディング》や《クライスラー・ビルディング》《ロックフェラー・センター》など、どこを見ても高い塔のような超高層建築群がぎっしり建てられている。全面ガラス張りで、シャープな超高層ビル群は、圧倒的なスカイラインを描き出した。どの国の土着性にも属さない、インターナショナルスタイルと名づけられたこうしたビル群は、二十世紀の資本主義社会を象徴する都市の姿である。成功を渇望し、手にした富を見せつけようとした結果、巨大な建築は垂直に伸びていった。

これらの超高層ビル群は、英語で「スカイスクレーパー」と呼ばれる。経済合理性の下、増大する資本が、まさに空をえぐり取る（スクレイプする）ようにして、上へ上へと建築を引き伸ばす。もちろん、中世イタリアに出来上がったサン・ジミニャーノの風景と現代のメトロポリスの決定的な違いは、その大きさ、建築のスケールにある。過密都市における超高層ビル群の建設を可能にした要因は、少なくともふたつ考えられる。

クライスラー・ビルディングのスケッチ

都市の垂直的な成長

まずは、二十世紀前半に開発された、鉄骨の溶接技術が挙げられる。鉄の部材を現場に搬入するために、トラックに乗り得る大きさが、それまでは現場で利用可能な鉄の最大の大きさであった。そうした部材をボルトで強くつなぎ合わせながら積み重ねて高さを獲得してきたのだが、接合部の強度が足りなかった。

しかし、現場で部材同士を直接溶接することが可能になり、一体として強度ある鉄の構造体をつくることができるようになった。こうして、強い金属の柱や梁《はり》を強固に接合する溶接技術が開発され、建築はニョキニョキと天に向かって伸びていった。加えて、圧縮力に弱い鉄を補うために、圧縮に強いコンクリートで鉄を包み込む「鉄骨鉄筋コンクリート造」という工法が開発され、超高層がつくられている。

面積的に限られた敷地に対して、最大限の床面積を獲得するという合理性は、地下を掘るか、地上に重ねていくかのどっちかであり、後者が選択されたのである。

ふたつ目には、エレベーター技術の向上が果たした役割が大きい。人間は、水平に移動する分には、重力に抗《あらが》うことがなく、自分の足で歩くことが容易にできる。けれども、垂直に移動するためには、階段か、スロープ、あるいは、梯子《はしご》などを必要とするか、もしくは、電動のエスカレーターやエレベーターを使用するしかない。地上何百メートルにも及ぶ高さになると、梯子はもちろんのこと、階段で上がるには相当な体力と時間を要してしまう。そのため、安全に速くひとを垂直移動させることができるエレベーターの技術開発が競うようにして進められた。

マンハッタンにかぎらず、いまでは東京、香港、上海、シンガポールなど、アジアにも多くの超高層ビル群がそびえるメトロポリスが出現している。鉄の溶接技術のみならず、鉄筋コンクリートなど、あらゆる建設技術が向上し、外壁仕上げ材もあらかじめ工場で生産され、現場では組み上げるだけにしたりして軽く表層的になったことは、こうした都市の垂直的な成長を一気に加速させた。

しかし、それと同時に、ガラスが多用され、石を彫ることで成立していたそれまでの様式や装飾が排除されることで、どの高層ビルも似たようなものばかりになってしまった。「国際様式」といわれたように、国境を越えて共有されたシンプルなスタイルは、結果的にタワー建築としてのシンボル性を失うという皮肉な状況をもたらしていく。

ミース・ファン・デル・ローエ

ただ、上述した二点の技術的な躍進だけが超高層を可能にしたのではもちろんなく、ひとりの建築家の思想が大きな功績となっている。

ドイツ出身で、モダニズム建築を牽引《けんいん》するバウハウスの第三代目の校長も務め、後にアメリカに亡命したミース・ファン・デル・ローエ（一八八六〜一九六九）である。かなり早い段階からミースは、ガラスという素材に強く惹かれていた。そして、ガラスによって、様式なき透明な建築、ユニヴァーサル・スペースを実現させ、それを積層することで高層建築がつくれるのではないかと確信するようになっていった。

ベルリンのフリードリッヒ通りに計画したものの、実現まではこぎつけられなかった有名なミースのドローイングがある。重くてずっしりとした様式的な石の建築が並ぶ街に、鋭利に尖ったガラスの建築を想像したのである。透明であることに惹かれたのは、まさに「Less is More（より少ないことが、より豊かである）」と唱えた彼らしい。ミースにとってこれからの建築にふさわしいスタイルへの探求が、このガラスという新素材によって、たしかに切り開かれた。

そんなミースの最高傑作である《シーグラム・ビルディング》もまた、マンハッタンのなかにいまなお堂々と建っている。無駄を一切削《そ》ぎ落とし、鉄とガラスだけで美しく設計されたこの高層建築は、都市のなかの黒いダイヤモンドの如く、強く圧倒的な輝きを放っている。

前面の道路からセットバックしてビルが建てられていることで、建物の基壇《きだん》がうまれ、

シーグラム・ビルディング

そこが都市空間のなかにあって、人々の交流のための広場として機能していることも秀逸だ。最高高度こそ優に多くのビルに越されてしまっているが、その考え抜かれたディテール、とりわけ「カーテンウォール」と呼ばれる、建築の表層（外壁）を骨格の構造体から独立させた、軽やかな鉄とガラスだけで表現された建築の納まりは、多くの建築家のお手本となり、模倣され続けている。

ミースの設計した最後の住宅も、シカゴから車で一時間ほどの郊外に建っている。鉄とガラスからできた《ファンズワース邸》という名住宅は、ひっそりとフォックス川のほとりに高床式につくられた。全面がガラスで覆われており、森のなかでなければ到底住めないような透明感溢れる住宅である。

ミースは、極限まで生活空間を抽象化して、それを上下に積み重ねることで小さな土地に建つ多くのひとの仕事の場としてのスカイスクレーパーを夢見たのである。

超高層ビルこそ持続可能なモデルを

では、これからの建築も今後ひたすら高くなり続けて、超高層化は進むばかりなのだろ

ファンズワース邸の写真とスケッチ

うか。私はそうは思わない。

やはり、建設コストや運営面においても塔の最適な大きさや高さというものがあるように思う。仮に高さ一〇〇〇メートルもあるようなビルを建てるとしたら、それこそひとの上下移動のための動線計画が大変難しくて、エレベーターだけでも相当な面積を必要としてしまい、まったく非効率である。

加えて、非常階段や機械設備用のバックヤードなどを考慮すると、オフィスにしろ、ホテルにしろ、高くしようとすればするほど有効利用できるスペースがあまり確保できなくなってしまう。また、日本のような地震国では、耐震と免震の技術が開発されても、必要以上に高くする必要がないように思えてならない。東京をはじめ、日本の都市は成熟へと向かいはじめている。ましてや、今後人口も減少していく縮小社会にあって、どこからでも見られるような高さを競い合う建築のつくり方は、もうしなくてもいい。

他方で、ドバイやドーハといった中東における都市の猛スピードで進む開発のされ方にはやはり強い違和感を覚え、疑問が残る。

潤沢なオイルマネーによる右肩上がりの国における超高層ビル群の建設には、大富豪としての豊かさに対する自負らしき、強いメッセージを感じる。世界に対して、新規ビジネ

カタールの首都ドーハのスケッチ

スとしてのオフィスや、レジャーとしての観光を誘致するためには少なからずこうしたファッショナブルな超高層ビルの建設は有効かもしれない。しかしながら、不動産投資目的の見えないお金のための過剰な建設には、不安を感じる。

そもそも、超高層ビルは、強風のため窓ひとつ開けられず、空調管理は、完全機械制御型空調システムに頼る必要がある。要するに、莫大なエネルギーを必ず消費してしまうのだ。このような開発を続けていては、地球の資源が枯渇してしまわないか、と心配になる。むしろ、地球への影響を考えると、超高層ビルこそ、建築的知性と叡智《えいち》を結集させて、総合的なエネルギーの持続可能なモデルを検討してほしい。もっとも環境配慮型の設計と建設が、それぞれの風土に合わせて、つくられるべきなのだ。

場所に対する敬意の欠如

現時点で世界最高の八二八メートルの高さを誇るドバイの《ブルジュ・ハリファ》は、かなり離れた場所からもそのシルエットをはっきりと見て取れる。最上階から遠くに望む砂漠越しの地平線は、きっとうっすら丸いのではないかと想像してしまう（登ったことがないのでわからない）。電波塔にとっては、高ければ高いほど、良質なシグナルをより遠くまで送受信できるだろうが、果たして、これほどまでに高さを求め続けることが必要なのだろうか。神への接近を試みる人間のロマンチックな欲望には、限界がない。文明が暴走しているともいえる。上へ上へと伸びる建築は、人間の本来あるべき生き方から大きく逸脱してしまっていないだろうか。

東京などの都心部に乱立するタワーマンションでは、高額な支払い（長期住宅ローン）と引き換えに、信じられないような眺望を生活に獲得しているが、いままで人間が住んだことのない地上数百メートルの場所に、ひとが集まって住んでいるということを冷静に考えてみると興味深い。

タワーマンションが建つ前は、そこは人間の領域ではなかった。鳥たちは飛んだであろうが、なにもなかったはずの空中だった場所にたくさんのひとが住んでいると思うと、やはり不思議なものである。

天にも届かんばかりの高さへの挑戦は、旧約聖書の「バベルの塔」の話を引くまでもなく、地上から遠く離れて人間が暮らすことへの不自然さが残る。東京のように、不動産価格が異常に高騰し、狭い土地により多くの床面積を獲得しようと上へと伸びていった資本主義的な結末が、現在の東京の風景をつくった。テナントが入らないという理由でダメな建築としてレッテルが貼られ、最終的にはまたスクラップ・アンド・ビルドの対象となり、気づけば真新しい建築がドンドンつくられていく。東京のこの現状には、歴史的な時間感覚や、その場所に対する敬意が欠如しているように思えてならない。

建設可能な床面積を少しでも増やしたい（家賃収入を上げたい）がために、つまり建物の容積率を緩和するための「公開空地《くうち》」なる不思議な法制度までつくっているからおかしなものだ。それは、文字通り、自分の敷地の一部を公園（空き地）のように公開すると、その面積に相当して建設可能な容積率の規制が緩和されるというもの。土地が広くて安い地方には、まったく関係ない法律といえる。

高層木造建築という新しい可能性

最後に、これからの建築の高層化について、ひとつ提案してみたい。

日本の国土の七割近くが山林であり、日本の建築文化は木造建築が中心になって発展してきたことを考えると、日本人の感性をいかして高層木造建築の可能性を追求することこそが、日本建築の新しい可能性のひとつではないか。

日本の山の問題のひとつは、野放しになった木々の使い道がないことである。木を伐って、製材するまでに要するお金が商品としての木材の値段より高い（伐れば伐るほど赤字）という悪循環に陥っている。この問題を解消し、価格を正常に戻すためにも新しい木の需要を開拓し、増やしていくことが急務となっている。日本の林業は、決して楽観できる状況ではない。

山の時間は、人間のそれよりサイクルが長い。一本の木が百年以上も成長し、建築材になることを思えば、いま植樹した木が伐採されるのは、孫の世代だったりする。現在までこうして代々受け継がれてきた大切な資源である日本の山を守らなければならない。

加えて、千五百年以上も前に建設された日本最古の建築である《法隆寺》が木造であることからもわかるように、火事から建築を守り、大切に手入れされ続けた木造建築は、長い時間に耐えることがすでに実証されている。五重塔などに見られる、宮大工によって高度に発達された大工技術をいまこそ再評価し、継承したい。

そのためには、先に述べた鉄の溶接技術の進化と同様に、木造の柱と梁の接合部の工法的な探求や、集成材などの構造的な強度の検証も続ける必要がある。また、超高層は、鉄骨やコンクリートに限ったものとして常識になっているため、木造のための新たな法的な枠組みの整備も必要だろう。そのためには耐火や防火についての実験も進めていく必要がある。

モダニズムの巨匠ミースの夢見たユニヴァーサルな空間ではなく、日本の風土と環境にリンクした新しい高層木造建築をつくり、定着させることができれば、きっと素晴らしいものになるだろう。木造建築の高層化は、日本が世界に先立って建築の新しい可能性を示し得る未開拓なフィールドであり、世界のフロンティアになりうるのだ。

第九話

世界を結界する橋

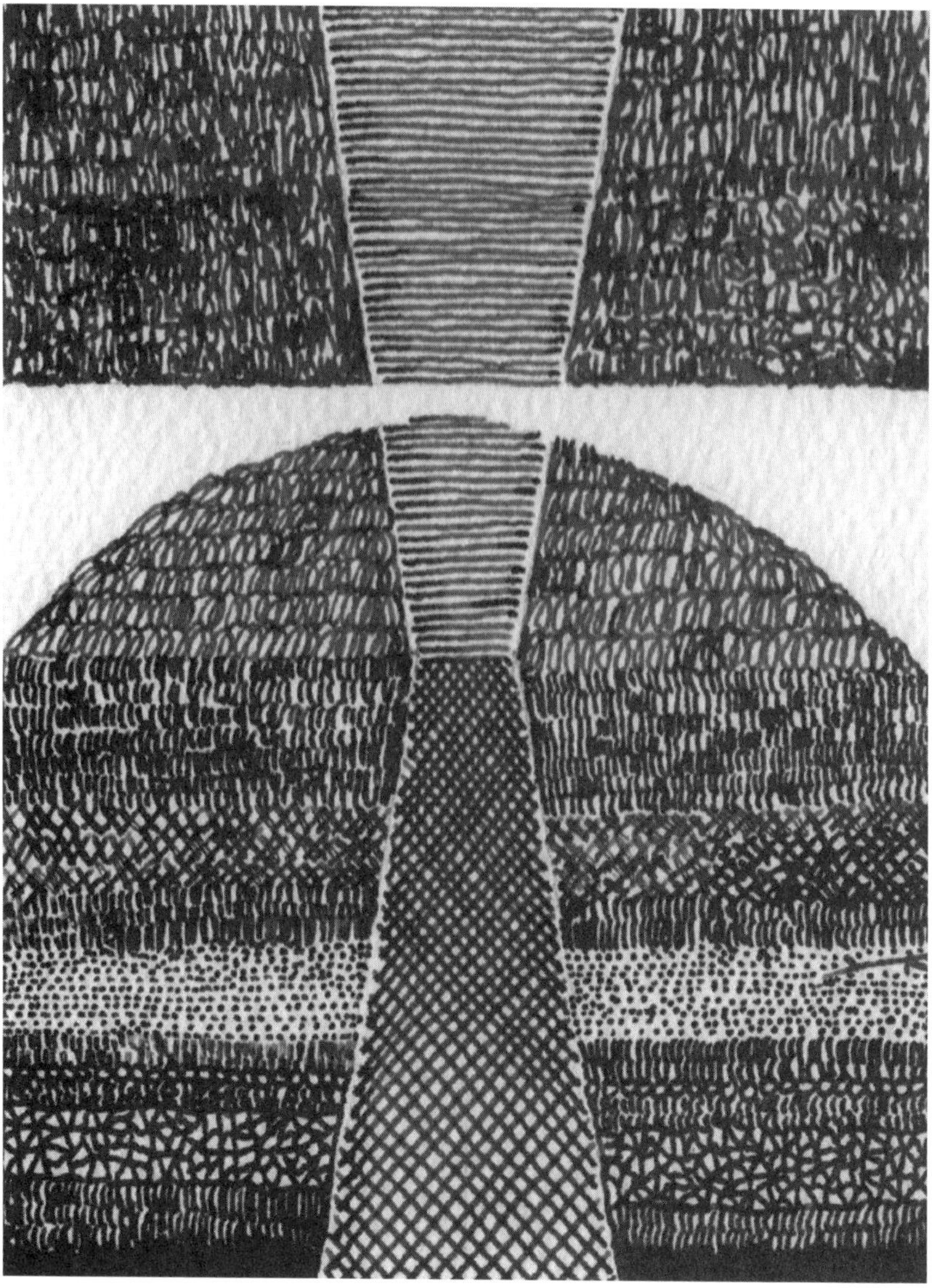

対岸の異なるふたつの場所を結ぶ橋の上は、どちらの場所にも属さない中間的な空間である。ひとは橋を渡っている瞬間に、大地から離れている浮遊感のようなものを感じることができる。橋がふたつの空間を結界するように、建築も多様な空間がそれぞれ複雑な関係を結びつけながら、構築されている。

伊勢神宮の宇治橋

二十世紀初頭に活躍したドイツの建築家ブルーノ・タウト（一八八〇〜一九三八）は、晩年ナチスの迫害から逃れるために亡命先を探していた頃、日本にやってきた。そして、伊勢神宮や桂離宮に日本の美の極致を発見し、西欧知識人としてのたしかな眼から見た「日本文化私観」を次々と発表した。そんなタウトの論考を、作家の坂口安吾は六年後に記した同名のエッセイのなかで真っ向から痛烈に批判する。

「僕は日本の古代文化に就《つい》て殆《ほとん》ど知識を持っていない。ブルーノ・タウトが絶讃する桂離宮も見たことがなく、玉泉も大雅堂も竹田《ちくでん》も鉄斎も知らないのである。（中略）即ち、タウトは日本を発見しなければならなかったが、我々は日本を発見するまでもなく、現に日本人なのだ。我々は古代文化を見失っているかも知れぬが、日本を見失う筈《はず》はない。日本精神とは何ぞや、そういうことを我々自身が論じる必要はないのである」

（『日本文化私観』、講談社文芸文庫）

そうした日本の美の根元にあるものとしての伊勢神宮や桂離宮をめぐる論争を読んでい

ためめに、学生時代にはじめて伊勢神宮に行ったときのことは、いまでもはっきり覚えている。タウトがパルテノン神殿にも勝ると賞賛した建築に想いを馳せて、心が浮き足立っていた。しかし、実際に訪れてみると、大きな期待はあっさりと裏切られてしまった。その建築空間を内部に入って体験することはおろか、全貌を望むことさえできず、木塀越しに屋根の装飾である千木《ちぎ》や鰹木《かつおぎ》がわずかに垣間見えるだけ。スケッチもできなかった。

そこにあるはずの建築の姿を想像し、ただただ感じることしかできなかったのである。すっかり肩透かしを食わされてしまった。むしろ、見えないからこそ感じられるというのは、安吾のいう「発見する必要のない日本精神」なのかもしれない、と強がってみたりもした。建築家の磯崎新《いそざきあらた》は、タウトのほかに、伊東忠太《ちゅうた》や堀口捨己《すてみ》の言説を紹介しながら、伊勢神宮の本質を次のように述べている。

「地上に建てられているイセの神宮建築そのものは、その始源より以前を〝隠す〟ために建てられている、と言うべきなのだ。起源を〝隠す〟ことが図られた。そこに祭られているカミもまた、〝隠される〟ことを必要とした」

（『建築における「日本的なもの」』、新潮社）

むろん、伊勢神宮は隠されてしまっていたが、印象に残っているのは、もっぱら大木がそびえる太古の杜《もり》の圧倒的な存在感だ。その生命力溢れる世界の入り口は、大きな鳥居がその両岸にある宇治橋からはじまる。この橋を渡ることで、それまで続く屋台やお土産屋さんで賑わう人間の俗なる世界から、自然の恵みがビビと感じられる聖なる杜《もり》に入ることが可能となる。その瞬間、空気の密度のようなものが決定的に変化し、渡りながら歩調が整えられるような気持ちの高鳴り。まさに宇治橋において世界が結界される。私のはじめての伊勢神宮参拝体験のなかで、この橋を渡っているときの聖と俗のはっきりとしたグラデーションは、もっとも深く記憶に刻まれた。

太陽の恵みにたとえられる天照大神《あまてらすおおみかみ》を祀《まつ》っているとされる伊勢神宮の内宮《ないくう》を参拝するには、だれもがこの宇治橋を渡らなければならない。身を清めるための美しい水が優雅に流れる五十鈴川《いすずがわ》に架かっている、ささやかな木の橋だ。それは、なにか特別な世界へと越境する感覚の変化を、私の身体にもたらした。神の領域に入るような清らかな気持ちになったと言い換えてもよい。同時に、太古から連続する長い時間の流れへとゆっくり誘《いざな》われるような、背筋の伸びる思いがした。檜《ひのき》でできたこの橋の両岸には、立派な大鳥居がある。

この大鳥居は、二十年に一度の遷宮《せんぐう》の際に、それぞれ内宮と外宮《げくう》の屋根を支えていた棟《むな》持柱《もちばしら》という大事な部材を再利用しつくられているらしい。卓越した大工技術が継承され、木の建築が新陳代謝を繰り返しながら時間のバトンが渡されていく。強調したいのは、伊勢の杜に入るために、この透明なバリアを抜けるようにして大鳥居を潜り、宇治橋を渡ることこそが、日常と非日常を隔てる大切な結界の役割を果たしているという点だ。

どちらの世界にも属さない橋

橋という建築は、能舞台における橋懸《はしが》かりからもわかるように、ふたつの世界を結びつけている。舞台に向けて、斜めに少し角度をつけて接続する橋懸かりは、人間の世界である楽屋と霊的なものの世界である舞台を隔てる中間領域の空間だ。異なるふたつの世界を繋ぐあわいの空間。この橋懸かりの床には、若干の勾配《こうばい》がつけられていることを能楽師の安田登氏に、教えてもらったことがある。こっちでもなく、あっちでもない場所をゆっくりとすり足で行き来する際に、重力の助けを借りて身体的負荷を与えることを意図したのだろう。どちらの世界にも属さない橋の上を渡っていると、地に足の着かない不安定な気持ちになる。このふわっとした、どっちつかずの浮遊感こそが、橋を橋たらしめる特別な身体感覚なのかもしれない。

ところで、橋が建築であることをあたかも自明のことであるかのように私が先に述べたのには、理由がある。橋は人間が建設技術を駆使して構築した工作物であり、その端部が地面と接している。大地からむっくり建ち上がっている。

また、橋を渡る体験は空間の内部と外部を分け隔てなくとも、変化に富んだ豊かなものである。それ故に、橋が建築であるといい切るのである。

そんな橋について、文芸評論家の保田與重郎《やすだよじゅうろう》は、「日本の橋」(『保田與重郎文庫』、新学社)のなかで、ときに貧弱にさえ見える日本の木造の橋と、西洋の頑丈な石の橋の対比を試みながら、その美しさの本質を芭蕉の句などを引き寄せながら読み解いた。

「日本の旅人は山野の道を歩いた。道を自然の中のものとした。そして道の終《おわ》りに橋を作った。はしは道の終りでもあった。しかしその終りははるかな彼方へつながる意味であった」

市場のような橋、ロマンチックな橋

日本人にとって橋は、次なる世界への通過点としての「道の延長」であったという抽象的な指摘をしている。それに対して、「羅馬《ローマ》人の橋はまことに殿堂を平面化した建築の延長であった」という考察を続ける。

たしかにイタリアをはじめ、ヨーロッパにはじつに構築的な橋が多い。橋の上に建物がまさに建築されている。フィレンツェの《ポンテ・ヴェッキオ》が、そうだ。この橋の造形は、とてもユニークで、複雑な構成となっている。橋の上から黄土色や橙《だいだい》色のカラフルな家のような建築群が、アルノ川にせり出している。さらに、その上に対して、なんと渡り廊下がつくられている。完全に屋根が架かった、弓形アーチの連続する二階建ての細長い建築なのだ。これは、十六世紀にメディチ家が自邸と政庁舎を外部の人間と出くわすことなく行き来できるようにするための最高のセキュリティとして考案され、建設された。それが、いまでは《ウフィツィ美術館》の一部として、自画像の展示に特化した美術館となっているから面白い。

昔は、階下の建築群も、肉屋や魚屋を営んでいて庶民的であったが、後に豪華な美術商などへと変遷し、いまでは世界中からの観光客のためにお土産物屋が連なっている。まさ

フィレンツェのポンテ・ヴェッキオ橋

に橋というよりも、市場のような生き生きした賑わいがある橋なのだ。

イタリア語で「古い橋」を意味するこのポンテ・ヴェッキオに対して、パリには、逆にフランス語で「新しい橋」という意味の《ポン・ヌフ》がある。セーヌ川にはじめて架かった石橋として、そのような名前がつけられたのだが、その後三七本もの橋がセーヌ川に架かったことを思うと、ポン・ヌフもまたもっとも古い橋ということになる。

レオス・カラックス監督の映画『ポンヌフの恋人』（一九九一）では、ドニ・ラヴァン演じる主人公の青年アレックスが、閉鎖されたポン・ヌフの上でホームレスとして生活している姿が描き出されている。そこで、ジュリエット・ビノシュ演じる女画学生ミシェルと出逢い、この橋が純愛の舞台となっていく。花火をバックに走り回るシーンは、圧巻の美しさ。橋が単なる交通手段として、馬車が通ったり、歩けたりするだけでなく、途中に半円形のベンチがあったりすることも特徴的である。ポン・ヌフは、恋人たちが愛をたしかめ合うロマンチックな場所となり、都市の小さな広場のような多様な使われ方をいまでもセーヌ川の上に提供している。

錦帯橋

日本の橋に話を戻す。江戸時代に活躍した浮世絵師の歌川広重《うたがわひろしげ》(一七九七〜一八五八)の《大はしあたけの夕立》という、橋を大胆な構図で描いた作品がある。ヴィンセント・ヴァン・ゴッホもこれを模写したということでも有名な一枚だ。広重は、江戸の名所として隅田《すみだ》川に架かる緩やかな曲線をもつこの木の橋を描いている。しかし、細い線によって雨を見事に表現してみせたことがなによりも秀逸な作品である。

ではなぜ広重は、晴天でなく、わざわざ夕立の風景を描いたのか。川の流れが水平に広がる水の流れを表現しているのに対して、垂直に降る雨がダイナミックに交差する。それは、雨によって川の水かさが増し、流木などが流れて猛威と化した川にあっても、この橋が立派に建ち続けているという、木橋のしなやかな強さをこそ表現しているように思えてならない。崩壊しないためにも、緩やかな弧を描いている木組みの橋は、中央がむっくり持ち上げられている。自然のなかに拮《きっ》抗《こう》する人工物の姿。そのアーチが構造的に合理的であるばかりか、造形としても美しい。

とりわけ、見ているだけでうっとりする橋がある。山口県を流れる錦《にしき》川に架かる《錦《きん》帯《たい》橋《きょう》》が、そうだ。これもまた広重の浮世絵に登場するが、格別に美しい。なぜなら、錦帯橋は、構造的なサポートとしての木組みの支柱が一切なく、アーチだけで純粋に支えられているからだ。背景に広がる緑豊かな自然の風景と調和し、凛《りん》とした佇まいと圧巻のスケールに、言葉を失う。石を積み上げた橋脚がそれぞれ三五メートルも離れており、それをひとつのアーチだけで軽やかに繋げていることに驚く。それが三つも連続している。

歌川広重の《名所江戸百景　大はしあたけの夕立》
（東京都江戸東京博物館所蔵、Image：東京都歴史文化財団イメージアーカイブ）

ただ見て楽しむだけでなく、その橋をゆっくり歩いて渡る体験が素晴らしい。大きな高低差のため一歩ずつ歩くごとに目の前の風景が変わり、向こうから渡ってくるひとが、頭から少しずつ見えてくるさまにも風情がある。とっても愉快な橋である。

こうした美しい木橋が日本から姿を消していったのは、安吾の子どもの頃のようで、彼は近くの橋が取り壊されたときのことを回想しながら、次のように述べている。

「今では、木橋が鉄橋に代《かわ》り、川幅の狭められたことが、悲しくないばかりか、極めて当然だと考える。然《しか》し、このような変化は、僕のみではないだろう。多くの日本人は、故郷の古い姿が破壊されて欧米風な建物が出現するたびに、悲しみよりも、むしろ喜びを感じる。新《あた》らしい交通機関も必要だし、エレベーターも必要だ。伝統の美だの日本本来の姿などというものよりも、より便利な生活が必要なのである。京都の寺や奈良の仏像が全滅しても困らないが、電車が動かなくては困るのだ」（前掲書）

小説家の坂口安吾は、時代の激変を冷静に眺める優れた批評家の目を兼ね備えていたことが窺《うかが》い知れる文章である。右肩上がりの成長時代において、生活の便利さの代償は決して小さくない。姿形がすっかり変わってしまっても、精神的なものは、それでもなお根底に流れているということなのか。しかし、二十一世紀の現代において、便利さや成長とは違った豊かさは、もしかしたらタウトのように、歴史のなかに輝く美しさを丁寧に再発見しなければならないのかもしれない。

結界としての廊下と階段室

最後に、橋がもつ本質的な魅力である結界性について改めて考えてみたい。

ある都市に行くときに、どのようにしてその街に入るかは、その街の第一印象に大きな違いをうむ。たとえば、《ブルックリン橋》を渡ってマンハッタンに入るのは、格別なものがある。ニューヨークに来たという胸の高鳴りをもっともよく体現できるからだ。細い鋼鉄製のワイヤーケーブルを美しく張り巡らせたエレガントな橋は、世界初の吊り橋である。車道とは別にペデストリアンゾーンを設け、歩いて渡ることができるのもこの橋の魅力。遠くにあったマンハッタンのビル群が、徐々に目の前に広がり、摩天楼の大都市に足を踏み入れるたしかな感覚が芽生えてくる。

このように橋がふたつの異なる場所を結びつけるように、建築空間もまた多くの場所と

ブルックリン橋のスケッチ

の関係性のなかで成り立っている。しかし、この結界性は、壁のように物質による鉛直方向の境界線の構築によってうまれるのではなく、むしろそこになにもない、水平的な広がりによって獲得されることに注目したい。結界は、われわれが身体的に感じることで、はじめて存在する。たとえば、建築物の内外の境界線にある縁側《えんがわ》はどうだろうか。物理的に建築物の内部と外部をはっきりと隔てるのではなく、グラデーションをつけながら建築と外部の自然を接続することができるようになる。また、動線空間としての廊下も、本来は具体的にある部屋とある部屋を結ぶための結界としての建築的な装置であるといえる。

私にとってはじめての仕事である《凱風館》の設計をしているとき、この結界性についてよく考えていた。なぜなら、この建築はたくさんの用途を満たさなければならなかったからだ。クライアントである内田樹先生ご夫妻の住まいでありながら、合気道の道場（能の敷き舞台もある）があり、仕事場としての

凱風館の白い階段室　写真：山岸剛

書斎や、宴会のできるサロンなどの機能も要求された。それらにどのような空間的特徴を与え、いかにして連結させるかについて、繰り返し検討を重ねていった。

結果的に、私はもっとも大きな空間の変化を演出するために、道場と書斎を結ぶ階段室を真っ白な空間に仕上げることにした。なにもない「無」の演出を素材によって試みた。い草の畳がある土壁の道場と、一万冊以上の本に囲まれた木を使った書斎をダイレクトにつなぐ階段室を、できる限りニュートラルな空間にしたかったのだ。

具体的には、南に面した大きな窓ガラスを乳白色にすることで、外部からの光を採り入れつつも、余計な視覚情報をシャットアウトし、壁には白い漆喰を塗ることにした。

《凱風館》のなかで、この階段室だけが純粋に白い空間なのである。内田先生が合気道と執筆というふたつの行為の切り替えを自然となめらかにできるように意図したデザインである。脳（書斎）と身体（道場）を使い分ける空間の行き来において、ギアチェンジがなるべくスムーズに行われるように空間の質感の差別化を図ったのだ。つまり、インターヴァルとしての「間」をとることで、空間にメリハリをつけたかった。わずか数秒で通過してしまうこの白い階段室において、余計な素材を使わないで余白のような空間にすることで、空気の粒子がほかの場所とは違って感じられると考えた。知覚情報を一度限定することによって、無意識的にでも心持ちの切り替えができる結界性を、まるで橋を渡るかのように獲得できるのではないかと。

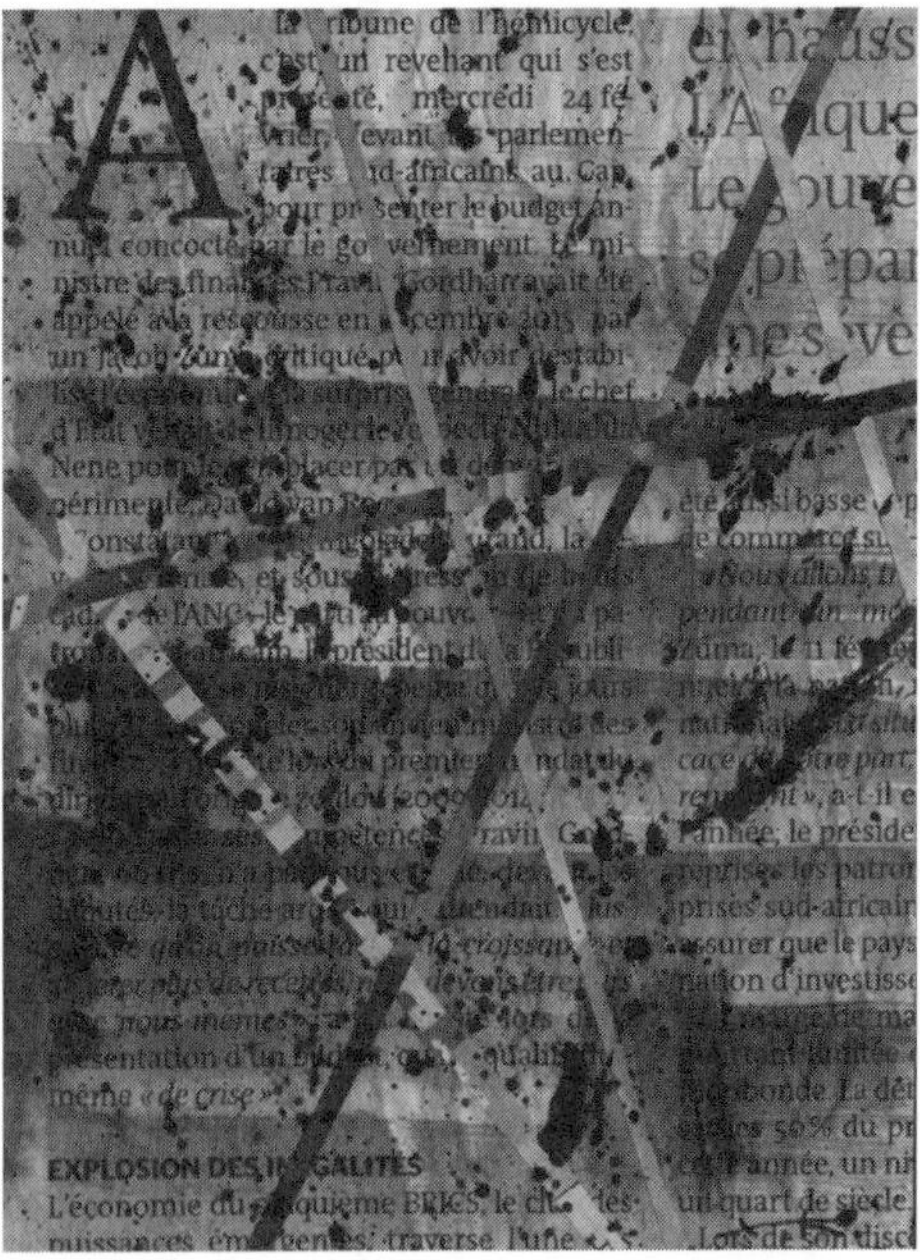

無表情な巨塔がなくなった日

　大学四年生だった二〇〇一年九月十一日、そろそろ卒業設計のテーマを決めなければいけない頃だった。それまでの設計課題は、建物をデザインする敷地や設計条件があらかじめ与えられていたため、同級生たちは、みんな同じ条件で課題に取り組むのだが、大学四年間の集大成となる卒業設計だけは、すべて個々人にゆだねられている。敷地も、建物の用途も、規模も、すべて自由に決めてよいから特別なのだ。

　自分にとって、もっとも切実なテーマがどこにあるのか思い悩んでいたときのこと。よく見ていた久米宏がキャスターを務める「ニュースステーション」から流れるその衝撃的な映像は、さながら映画のワンシーンのようであり、目が釘付けになった。

　日系アメリカ人建築家のミノル・ヤマサキ（一九一二～一九八六）の設計で知られるマンハッタンでもっとも高い超高層ビルである《ワールド・トレード・センター》のツインタワーに、旅客機が突っ込んだという前代未聞の速報が全世界にテレビ中継されていた。東京は、すっかり夜だったが、画面の向こう側は爽《さわ》やかな秋空の広がる早朝のニューヨーク。現地リポーターは、パニック状態で、この緊急事態をまったく把握していない最中、なんと、もうひとつのタワーに二機目の旅客機が突撃する瞬間の映像が流された。

私がうまれ育ったニュージャージー州は、ニューヨークで働く多くの人々のためのベッドタウンとして機能していた。私たち家族も車で半時間もすればマンハッタンにアクセス可能な場所に住んでいたため、よくみんなでドライブし、唯一無二の夜景を見に行った。子どもながらに目の前に広がるクリスタルのような摩天楼は、どんな宝石よりも美しく輝いており、時間を忘れてずっと眺めていた。なかでも針のように尖った《エンパイア・ステート・ビル》やアール・デコの装飾が印象的な《クライスラー・ビルディング》と違い、高さこそナンバーワンだが、ワールド・トレード・センターは、単純な四角い形が地味でその無表情さが好きにはなれなかったのを覚えている。

しかし、いつでも堂々とそこにあったし、その圧倒的高さ故にマンハッタンに遊びに行くと、二本が重なって一本に見えたり、どこからでも見えるのではないかと錯覚するほど、とにかくさまざまな場所からあのツインタワーを見ることができた。その強い存在感こそが脳裏に焼きついている。マンハッタンに住むたくさんのひとにとって、あの建築がとても大事な心の風景の一部であったことだけは、間違いない。

三〇〇〇人弱もの犠牲者とともに、マンハッタンの象徴のひとつでもあったワールド・トレード・センターは、テロの前に屈し、跡形もなく崩れ落ちてしまった。それをリアルタイムで、ブラウン管越しに東京の下宿で見ていた私は、世界中のだれもがきっとそうであったように、ただただ唖然とし、言葉を失った。なにが起きたのか理解することができず、どこか焦点の定まらないような、ずっとソワソワした状態で、深夜を過ぎてもなお続く特別報道番組が流れる画面を眺めていた。

あの建築は、世界の貿易の中心であり、まさに二十世紀後半の高度資本主義経済の象徴であったわけだが、一瞬のうちに瓦礫《がれき》の山と化してしまった。その後のブッシュ大統領の会見や、イスラム過激派による同時多発テロ事件として、この大事件は毎日報道されていく。犠牲者の数は実感することのできない単なる数字として、日々増えていった。私たちは、アメリカという大国が、アフガニスタンやイラクとの新しい戦争へと突き進むさまをテレビ越しに目撃することになる。富の象徴だったあの無表情な巨塔の姿がなくなったことは、資本主義経済によって突き動かされていたひとつの時代の終焉《しゅうえん》を感じさせた。大きな価値観のシフトを余儀なくされているように思えてならなかった。

工事中のグラウンド・ゼロのスケッチ

ツインタワーのためのお墓

また、あのおぞましい現場は「爆心地」を意味する「グラウンド・ゼロ」と名づけられ、日々膨大な瓦礫が大型クレーンによって現場から運び出されていく映像も流されていた。まるで生き地獄のような現場をドンドン綺麗にして、ゴミの分別でもしているかのように瓦礫を処理していた。そして、新しいワールド・トレード・センターのために世界的建築家による指名コンペまで行われることを知る。テロに屈することなく、世界を新しく更新することがあたかも当たり前の正義であるかのように。ものごとが展開するスピード感に強い違和感を覚えた。時間に対する感覚があまりに短いと感じたからだ。

つまり、瓦礫は美しくないし、危険で邪魔なだけでなんの役にも立たないことは、わかっている。しかし、この事件によって起きた甚大なる破壊の傷口をかくも早く更新し、新しいものをつくろうとする気持ちが理解できなかった。瓦礫は、あの悲惨な事件の証拠でもあり、（ひとではないが）被害者でもあるはずだ。声なき声に、耳を澄ませる時間というものがあってしかるべきではないか。鎮魂のための時間と儀式が必要なのではないか。死者たちへの配慮が決定的に欠けているように直感したのである。

むしろ、あの場所に必要なのは、崩れ落ちてしまったツインタワーと犠牲者全員を弔《とむら》う建築だと思った。自分の気持ちにいち早く反応することの大切さを胸に、建築学科の学生として、グラウンド・ゼロを敷地に、ツインタワーのためのお墓を卒業設計とすることを決めるのに、それほど時間はかからなかった。

まず、現場から瓦礫をすべて撤去してしまうのではなく、一部をそこに残し、それを囲い込むようにし、「鎮魂の庭」として礼拝堂をつくることを考えた。同時多発テロ事件を忘れないための空間をイメージしたのである。瓦礫を半地下に埋め、ピロティ（二階以上を建物にして、地上部分に構造体の柱が露出した外部空間のこと）越しに青空が見えることで希望への想いを込めたA１サイズの大きなドローイングを最初に描いた。上部には、資料館やオフィスなどを積層させた複合建築を提案した。

卒業設計のドローイング

いま見るとなんとも気恥ずかしいデザインで、当然まったくリアリティのないプログラムかもしれないが、建築を設計するときの出発点が「記憶に残る風景の創出」であり、そのためには「過去からの時間を伝え得る要素」を大切に組み合わせて設計しようとする姿勢は、いまもまったく変わっていない。

つまり、私にとって下宿先の部屋のテレビの前で呆然《ぼうぜん》としたあのときの記憶を忘れないために、建築の力を信じて、ワールド・トレード・センターのお墓を設計することがどうしても必要だと感じたのである。

背骨のように軸線を通す

いかにして、その場所にしか存在し得ない

価値ある建築を建ち上げられるかということを起点に考えはじめること。そのために敷地をよく観察し、クライアントや職人と対話しながら、設計のためのパラメーターをなるべく増やすこと。場所と時間に対する敬意ある継承こそ、個人を超えて集団で共有可能な建築の大事な役割のはず。そのためにはなにを象徴し、どのようにして設計を進めていけばいいかを、あのときからずっと考えている。

一例として、軸線を利用する手法がある。点と点を結んで、線を引き、それをひとつの手掛かりに設計を進めていく考え方だ。建築にとっての背骨のように軸線を通すことで、建物の意図するコンセプトを明確に表現することができるようになる。

日本全国に富士見坂という名のつく坂が多いのは、その昔、その坂を上ると富士山が見えたということの痕跡《こんせき》にほかならない。これも、軸線の効果のひとつといえる。こちらの方向に富士山がありますよ、ということを地名などが教えてくれたりすることで、富士山を望むことができたり、感じたりすることができる。軸線というものは、その場所よりも遠いなにかと私たちを接続するチャンスを与えてくれる。

道路は、そもそも直線的であるために、移動手段であるのと同時に、都市計画のための軸線の考え方をもっとも如実に表すことになる。オスマンによるパリの大改造計画なども有名だが、シャンゼリゼ通りに立って、右に向けば《エトワール凱旋門》、左に向けば《新凱旋門》というふうにバシッと軸が通っているとじつに清々《すがすが》しい気持ちになる。

ほかには、イスラムのモスクにおいて、もっとも大事にされるのが、メッカの方角であることも、まさに建築における軸線の強度を示している。ムスリムのひとたちにとって、世界中のどこにいても、絶対的な存在としての神は、メッカにあるのであって、いかなるモスクもメッカに向かって礼拝することが準備されていなければ、そもそも建設する意味さえなくなってしまう。

太陽が証明してくれた軸線の力

では、設計者として、いかに説得力のある軸線の引き方を見出し、それをより多くのひとと共有可能な設計の根拠にできるのか。深く自問自答していた学生時代、広島にある厳島《いつくしま》神社でとても示唆に富んだ体験をした。

はじめに、その旅に持参した本の一節を紹介したい。それは、スペインの歴史哲学者のディエス・デル・コラール（一九一一〜一九九八）がいまから半世紀以上も前に日本を含むアジアの国々を回り、まとめた旅行記『アジアの旅』のなかの「宮島の神話」と題した文章に書かれている。

「宮島で最も重要なものは、神社の境内でもなければ、その奥に神の素朴な象徴をもって祭られてある拝殿でもなく、実にその拝殿の主体部から生え出てきた腕のように、いつも海を抱擁せんとしながらしかも果たし得ずして海上に差しのべられた露台なのである。なぜなら、その大鳥居を通じてあるいは朱に塗られた堅固な木柱をめぐって侵入してくる海水は、同じく木材の太い柱に支えられた幾棟もの木造建築の下を通って流れ込んでは、またも潮の干満のまにまに規則正しく引いていくからである。かくてこの神社は、厳密に自然そのもののリズムに従って、日ごとに二度は来世と現世との間を往復するのである」

（『アジアの旅』、未來社）

私の驚くべき体験も、コラールの指摘する露台によってもたらされた。それは、天気のいい秋空の下、引き潮で海の上を歩くことができた午後の束の間の時間帯のこと。寝殿《しんでん》様式の厳島神社において、各種拝殿をつないでいる露台が、デッキのようにして瀬戸内海に大きくせり出している。海のなかの立派な大鳥居が見えたとき、その鳥居と厳島神社の本殿が綺麗な軸線で結ばれていることに気がついた。それは、ほんの偶然によってだ。というのも、普段は海の底である場所を自由に歩き回っていたとき、太陽の日差しがだんだん強くなってきた。それで、ふと日陰を求めて水の引いた露台の下にもぐってみたのだ。そこに、すさまじく美しい光景が広がっていた。

露台の板と板のわずか一センチほどの隙間から規則正しい光線が、太陽の力に導かれるようにして、砂浜の上にきっちりと落とされていた。綺麗なレーザー光線の補助線がそこに現れて、この建築の強い軸線がはっきりと視覚化された時間だった。同じ砂のはずが、光線で照らされるものと、影になるものとで、あまりに美しいコントラストをうみ、つい地面を長時間見入ってしまった。そのどこかデジタルな光景を見ながら私は、考えた。

そうか、これこそが自然と太陽が証明してくれた建築に内包された軸線の力ではないか、と。さらに、海上の大鳥居まで歩いて振り返ってみると、その軸線はなにも厳島神社の本殿のみならず、背景にそびえ立つ霊山の「弥山《みせん》」をもはっきりととらえていることに心を奪われた。普段はだれにも見られることのないあの露台の下にひっそりと出現した光線は、宮島のすべてを祝福しているようだった。大鳥居と厳島神社と弥山は綺麗に揃って結ばれており、軸線がビシッと貫かれている清々しさ。

まさに、人間の想像の範疇《はんちゅう》を超えた遥かに大きな力と建築との接点であった。その接点と

宮島の露台の下の光

広島平和記念資料館のスケッチ

して、同一軸線上にそれぞれが並ぶことで強調されるエネルギーのようなものをたしかに感じたのである。建築が建つことで、自然のなかの野生の力をも引き寄せることができると確信した体験だった。

続けて訪れた広島の平和記念公園もまた強い軸線が特徴的であることに、はたと気がついた。丹下健三によって設計されたこの壮大な計画において、緑豊かな大きな公園と《広島平和記念資料館》と原爆遺構である《原爆ドーム》とを川越しに一直線で結んだことが、見事に人々を魅了する空間をつくっている。平和の象徴として残された原爆ドームと、高く持ち上げられたピロティが印象的な広島平和記念資料館に軸線が貫かれていることで、この大きな公園に平和を願って集う人々が歩き回る手掛かりになっている。遠く離れて向かい合っているこのふたつの建築が磁石となって、大きな公園に骨格を与え、「戦争をしてはならない」、と平和を強く願う磁場のようなものをうみ出しているのではないか。軸線というのは、その場所に存在する象徴的なものを、建築がより明確に浮かび上がらせる手助けをしてくれる。

建築がなにかを象徴するということは、コラールが「来世と現世との間を往復」と述べたように、見える俗なる世界から見えない聖なる世界へと橋渡しすることを意味する。霊的なものへのアクセスを可能にする建築には祝祭性がある。そして、人々の絆を結びつけ、未来に受け継ぐ装置となる。

非物質的で霊的な象徴

点と点を結ぶ「軸線」とは別に、「不在」という手法で訪れた者の想像力に働きかける方法もある。私が卒業設計で挑んだワールド・トレード・センター跡地に完成した《フリーダム・タワー》では、元あったツインタワーの場所での建設は避けて、建てられている。イスラエル人アーティストによって、昔のワールド・トレード・センターは、不在のデザインが採用され、建物の形状で大地にぽっかり穴が開き、被害者の名前が刻印された追悼の滝として祈りの場所になっている。碁盤の目状の超過密都市に永久に開けられた不在の穴。そこから毎年九月十一日になると、サーチライトで夜空に向かって光が放たれる。
それは、ヒトラーのお抱え建築家でもあったアルベルト・シュペーア（一九〇五〜一九八一）がツェッペリン広場で計画した一九三六年のニュルンベルクでのナチス党大会の「氷の神殿」を彷彿《ほうふつ》とさせる。光の演出は、まさに不在による象徴の強化として効果絶大だ。

生活の場として機能性が重視される住宅や、経済合理性が追求される商業施設と違って、神社仏閣や教会、モスクなどは、すべて人間が神と対話するための祈りの空間である。そうした建築が、実質的な空間や素材などの物質としての意味よりも、なにか目に見えないもの、あるいは、遠くにあるものを象徴することで、まったく新しい意味を付加することができる。

壁の向こう側にある、目に見えないものを意識し、ひとはたしかな身体的結びつきとしてそれを感じるはずなのだ。過去の壮大な歴史という動き続ける時間というものに対して、建築が記憶の器としてなにかを継承するためには、物質的なものだけではない、そうした非物質的で霊的な象徴という、もうひとつのレイヤーを必要とする。

人体が遺伝子という膨大なデータベースを手掛かりに、細胞分裂し続けて生命を育みながら進化するように、人工的な建築もまた、ある場所に建ち上がる際に、なにを発見し、なにを象徴し得るのかを入念に検討する。建築家はそれら多くのパラメーターを丁寧に組み合わせて統合しながら、調和を見つけていく。

軸線によって山と建築が結びつく、あるいは、目線の先に原爆ドームをとらえ、平和を願う風景。自然のそうした複層的なエネルギーを内包する複雑で豊かな空間こそ、永きにわたってひとの心を魅了する感動体験を提供する建築となる。

第十話

広い芝生とスポーツの巨大建築

筋書きのないスポーツの魅力は、言葉なくして、多くのひとと共有可能なところ。そんなスポーツの舞台としてのスタジアムは、何万人もの観衆を一堂に集める稀《まれ》なる建築タイプである。広い芝生が多様な遊びを発露するように、多くのひとが集まることができる巨大建築には、大きな可能性がある。

原っぱと遊園地

アメリカでうまれた私の遊び場は、いつもなにもない芝生だった。それが小学校の校庭であっても、近所の公園でも、はたまた自宅の裏庭でも、どこまでも広い芝生が、いつもそこにあった。太陽が降り注ぐ芝生の上で走り回って遊ぶのを、ごくごく日常として、私は育った。

八〇年代に多くの日本企業が海外進出するなかで、私の父もニューヨークにある日本の大手家電メーカーに勤務し、ベッドタウンであるニュージャージーに家を構えた。緑豊かな閑静な住宅街が多く、自由な芝生の遊び場がとにかくたくさんあった。父とふたりで週末にキャッチボールをしたり、兄弟三人で遊んだりするのもいつも、遠くまで見渡せる芝生の上。周りを見れば、のんびり犬と散歩するひとや、フリスビーをして遊ぶひと、ただ日向《ひなた》ぼっこするひとなど、場所に拘束されることなく、さまざまな行為を広い芝生は、いつも提供してくれた。

なにもないからこそ、そこにいろんなものをイメージすることができる。キャッチボールをすることが多かった私は、スタジアムの大観衆の前でプレーしているかのように勝手に頭のなかで空想したりして遊ぶのを楽しんでいた。草野球をするにしても、芝生が柔らかいので、痛いのを恐れずに勢いよくダイビング・キャッチできた。アメリカに多く見られるこうした広い芝生は、特別な目的がないからこそ自由な遊びに開かれていたのだ。

建築家の青木淳《じゅん》は、『原っぱと遊園地』（王国社）のなかで建築をふたつのジャンルに分けている。「あらかじめそこで行われることがわかっている建築（「遊園地」）とそこで行われることでその中身がつくられていく建築（「原っぱ」）」に分別し、後者の建築を行為に拘束されない自由なものとして評価している。アメリカの広い芝生の上での遊びは、無目的であったからこそ多様な行為の触発をゆるし、いつも原っぱのような、もしくは広場のような存在であったといえる。

「見立てる」癖

小学二年の途中にアメリカから日本に帰国したが、日本の小学校に転校して、その校庭に芝生がないことに驚いた。ネットに囲まれて狭いうえに、表面が土だったのがショックだった。しかし、小学校を卒業すると、今度はカナダのトロントに父が転勤になり、また家族全員で移住することになった。五年ぶりの海外生活で、もちろん英語を習得することがなにより最優先であったが、スポーツを介したコミュニケーションが、私を助けてくれた。現地校のみんなと放課後によく野球をして一緒に遊んだものである。

そこで、言葉を必要としない対話がはっきりと成立することを知った。勝敗に白熱しながら、身体の動きで会話する。英語が充分にできなくても、手加減なしの本気で遊んだベースボールを通じて友だちをつくることができたことで、異国で暮らしていける自信となった。すると、英語の授業でも助けてもらったり、宿題を手伝ってもらったりするようになった。数学だけは、逆に私が彼らに教えてあげられる科目だったのを誇らしく思っていた。


カナダに行ってからは、三つ上の兄の真似をしてバスケットボールをやるようになった。父に家の前のガレージにバスケットのゴールネットを取り付けてもらい、毎日陽《ひ》が暮れるまで兄とワン・オン・ワン（一対一の試合）をしたものである。ボールの表面に摩擦のためについていたボツボツも、すっかりツルツルにすり減るまでプレーした。勝負にエキサイトしすぎて、よく喧嘩《けんか》もした。あまりにも、バスケが好きになり、どこにいてもその場所がバスケットコートであるかのように「見立てる」癖がいつしか身体に染みついたほどだ。振り返ってみると、これはなにかを学ぶうえで大切な方法であるように思う。

つまり、実際の空間や自分の身体感覚を頭のなかで自在に変換し、違った世界を連想することで、自分の能力を向上させる。あるはずのないものが、そこにあるかのように想像する。なにをどのように空想しても、まったくの自由。道路の電信柱をゴールに見立ててスリーポイント・シュートを決めたり、家のなかのドアの枠をリングとイメージし、ジャンプしてダンク・シュートを決めた気分になったりした。家に帰るまでの通学路で、いつもひとりで遊んでいた。思えば物心がついた頃からスポーツが私の生活の大きな割合を占めるようになっていた。

スカイドームの独特な香り

アメリカ文化におけるスポーツが、最高のエンターテインメントとして、担《にな》っている役割は大きい。アメフトの頂上決戦である「スーパーボール」のテレビ視聴率は驚異の五〇パーセント近くあり、文字通りアメリカ全土が熱狂する。一流選手のプレーに、大衆は一喜一憂し、大好きなチームを応援する。その瞬間しかないリアルタイムの歴史の証人として興奮し、盛り上がる。健全な精神で、強弱を競う真剣勝負のスポーツは、まさに筋書きのないドラマであり、人々を無条件に魅了する。そこに、言語なきコミュニケーションが成立する。私も、幼い頃から大リーグやＮＢＡの放送をいつも楽しみに観て育った。

トロントに住んでいたときのことである。地元ブルージェイズの試合を観に家族ではじめてスカイドーム（現在では、「ロジャーズ・センター」に改名）に行った。試合の途中にポツリポツリと雨が降ってきたため、大きな屋根がゆっくりと動き出した。なんと、いままで室外だったスタジアムの空間がすっぽり室内になり替わっていた。わずか数分間のことに衝撃を覚えた。その圧倒的なスケールで建物の一部が動き、空間に劇的な変化をもたらすことができる建築の力に中学生の私はすっかり魅了されてしまった。そのときばかりは、目の前の野球どころではなかった。観客の歓声や、選手紹介のアナウンスもいちだんと臨場感をもって迫ってきた。鳴り物の応援がない大リーグは、硬球がミットにズドンとおさまる音や、バットにパコーンと当たる乾いた音は、小気味よく球場内に響き渡る。

加えて、屋根が閉まったときの球場内の香りが、また印象的だった。人工芝の匂いなのか、あるいは周りのみんなが飲んでいた生ビールのアルコール臭なのか、以後、閉じたスカイドームに行くと漂うあの独特な香りは、私を興奮させるスイッチとなった。一九九三年にブルージェイズがジョー・カーター選手のサヨナラ逆転スリーラン・ホームランでワールドシリーズを制覇して世界一になった試合をライトスタンドから観戦したときの感動もまた、あの閉じたスカイドームの独特な匂い（このときは、祝福の花火の火薬の匂いもこもっていた）とともに深く記憶されている。

中三になって今度は、イギリスのマンチェスターに引っ越すと、大リーグからプレミアリーグのサッカーへと私の関心は自然と移り替わった。今度は、四つ下の弟とサッカーボールを蹴《け》りながら遊ぶようになっていた。観るほうでは、マンチェスター・ユナイテッドの本拠地であるオールド・トラフォードに頻繁に通い、名将アレックス・ファーガソン監督が率いるチームを応援した。フランス代表のエリック・カントナを中心に世界最高峰のサッカーをユナイテッドは見せつけていた。大観衆の割れんばかりの声援がスタジアム全体に地響きのように鳴り響き、鳥肌が立った。

この異様な雰囲気に包み込まれる体験は、それまでバスケットボール少年だったために、あまりサッカーを知らなかった当時の私でさえ一瞬にして虜《とりこ》にしたものだ。ライアン・ギグスやポール・インスが全盛期で、超攻撃的サッカーをし、守護神のピーター・シュマイケルが敵のシュートをセーブするごとに怒号のような大歓声に包まれた。後にスーパースターとなるデヴィッド・ベッカムがまだ若手の控え選手だった頃の話である。

巻き戻しのできない一回性

実際私は、かなり多くのスポーツを生で観るチャンスに恵まれていたと思うが、忘れることのできない、震えるような体験をしたのは、ニューヨークのマディソン・スクエア・ガーデンで観たシカゴ・ブルズ対ニューヨーク・ニックスのNBA観戦である。ブルズの黄金時代を築いたマイケル・ジョーダンやスコッティー・ピペン、デニス・ロドマンという黄金トリオを、ジョン・スタークスとパトリック・ユーイングらが迎え撃つ好カード。前夜はなかなか寝つけず、夢にまでジョーダンが出てくるほど憧れていた。

マイケル・ジョーダンは、とにかく異次元の異彩を放っていた。当時「Like Mike, if I could be like Mike（私がマイケルのようになれたなら）」というフレーズを歌ったスポーツドリンクのゲータレードのコマーシャルが流れていたが、まさにバスケをやるだれもがマイケルのようになりたかった時代である。

毎日いろんなものを見立てながら、プレーを真似していた張本人が、実際に目の前にいることが信じられなかった。その日は、試合前のウォーミングアップから観戦し、レイアップシュートひとつ決めるだけで胸の奥に熱くなるものを感じていた。いや、マイケルと同じ空間で、同じ空気を呼吸していることに、ただただ感動したのである。宙を舞うような彼の華麗な動きに釘付けになり、すべてのプレーを目に焼き付けた。まるでコートがミニチュアになったかのように空間が収縮し、時間がおそろしく速く感じるほどに、ジョーダンの存在感は圧倒的だった。テレビでは拾えないヘッドコーチの声や選手同士の掛け声にも驚いた。息をのみながら、神といわれる伝説的な選手のプレーに観入っていたら、試合はいつの間にか終わってしまっていた。じつに不思議な時間感覚だ。スポーツを観てから家に帰っても、興奮さめやらぬ状態があれほど長く持続したのは、あのときが最初で最後である。

スポーツの魅力は、巻き戻しのできない一回性にあるように思う。マイケル・ジョーダンがいま、この瞬間にどのようなプレーをするかは観衆の想像を超えて、超人的な身体能力を惜しげもなく発揮する。観る者たちは、その瞬間だけ自分もプレーしているような錯覚に陥るほど、惹きつけられる。脳内でミラーニューロン（ほかのひとの行動を見て、まるで自分も同じ行動をしているように感じる神経細胞）が働いて、その瞬間だけ自分もなにかを確実に分かち合っている。あのとき、私もマイケルとつながっていた。

それこそ、言葉を必要としない、スポーツの最大の力、感動の共有であり、多くのひとがこの高揚感に強く勇気づけられている。スポーツの醍醐《だいごみ》味は、実際の記録よりもそうした心を鷲《わし》摑《づか》みにされるような瞬間（時間）を共有することなのだろう。目の前の出来事をそれぞれが自身の体験として持ち帰り、また明日も頑張ろうと思えるような健やかな気持ちにさせてくれる。

学生時代に描いたマイケル・ジョーダンの油絵

ザハ・ハディドによる新国立競技場

観衆がアスリートとある種の共身体を形成するうえで、競技をしている空間そのものの力も大きいと、私は考えている。たとえば、「鳥の巣」の愛称で親しまれている気鋭のスイス人建築家ジャック・ヘルツォーク&ピエール・ド・ムーロンの設計による《北京オリンピック・スタジアム》が、その良いサンプルだろう。中国の現代美術家であるアイ・ウェイウェイと協働して完成したこの競技場は、圧倒的存在感を放ち、オリンピックが残した歴史遺産としていまも多くのひとを惹きつけている。この建築が北京を象徴するようなモニュメンタリティーを獲得したのは、一度見たら忘れないような強烈なイメージの力と、巨大建築における選手と観衆の圧倒的な一体感のためだろう。まさにだれが見ても「鳥の巣」のように、鉄の構造体をむき出しにしたスタジアムは、オリンピック期間中、世界中のメディアでその姿を露出し続けたことで強度あるアイコン建築となった。機能的に九万人を収容することができること（オリンピック後、八万人にダウンサイズされた）も大切だが、それと同時に、北京の市民が、あるいは中国人全体がこのスタジアムの存在を世界に誇れることが大きな価値をうみ出した。

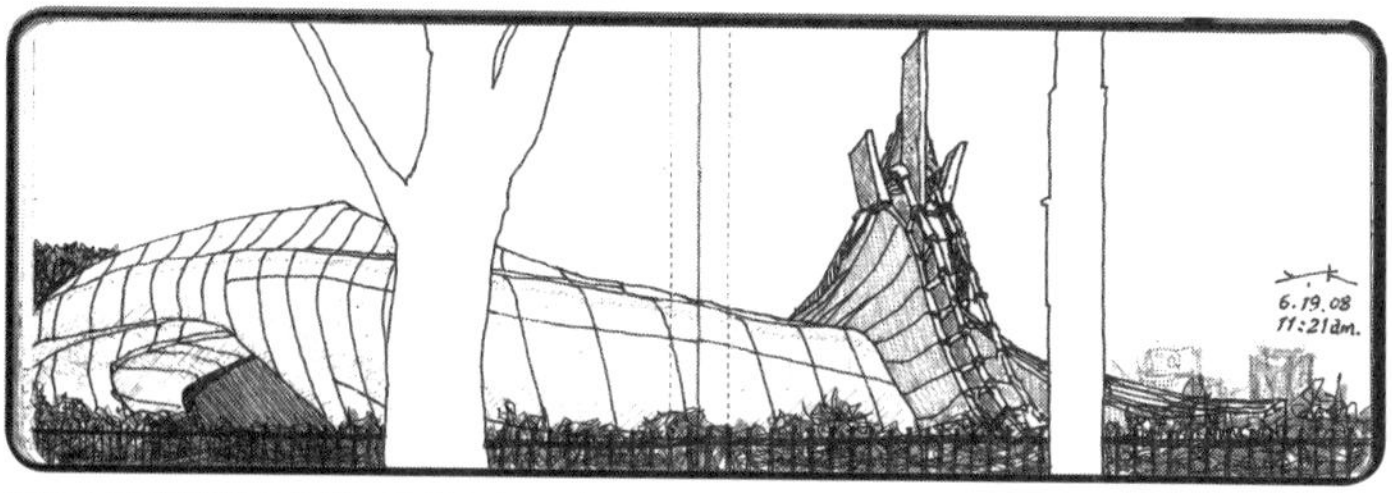

代々木体育館前の広場に建設されたザハ・ハディドの仮設建築"モバイルアート"のスケッチ

もちろん、オリンピックごとに、このような巨大建築をつくる必要があるかないかは、また別の議論である。つまり、二〇二〇年の東京オリンピックの話だ。巨額な税金を投入して、いまの東京に新たなアイコン建築が必要なのかは、議論の余地がある。というのも、東京という都市は、すでに高密度に成熟しており、あのような巨大スタジアムの有無については、賛否両論だと思う。とはいえ、巨大な建築の出現で、建築の夢を見ることがあることも決して忘れてはならない。

事実、一九六四年の東京五輪がいまなおわれわれに《代々木体育館》という丹下健三による名建築を遺《のこ》してくれているように、ザハ・ハディドによる新国立競技場もまた、まだ見ぬ未来の日本人を誇らしく思わせる夢ある名建築になるかもしれない。いや、ならねばならない。

私は、コンペの狭い応募資格や審査の不透明性には多々疑問をもっているが、ひとたび勝利した建築家に対して、あれこれバッシングするようなことには違和感を覚えてならない。むしろ、予算と工期を最大限守りながら、立派なスタジアムが完成することを強く望んでいる。多くの制約を乗り越えて、是が非でもそれを達成してもらいたい。そして、そのほかのオリンピック関連施設がもっと広く多くの建築家に素晴らしい建築を実現するチャンスを与え、透明性の下で、進められることを切に願っている。

しかし、新国立競技場のコンペはその後メディアでも大きく取り上げられ、膨大に膨れ上がる予算の話を中心に国民の注目を浴びるようになった。そして、前代未聞の事件が起きる。一国の内閣総理大臣である安倍晋三首相によって、日米安全保障関連法案の採決のタイミングで、ザハの計画案が不当にも「白紙撤回」されたのである。というのも、問題点は発注者であるJSC（日本スポーツ振興センター）の要望が肥大化したことによる予算の超過であり、開閉式の屋根やスタジアム以外の付帯施設の規模を整理することなどで対処する方法はいくらでもあったように思うからだ。さらに、二〇一五年暮れに再コンペが行われ、ザハは参加さえできなかった。

そもそも、このコンペは、新国立競技場の「設計者」を選ぶのではなく「デザイン監修者」を選ぶというもので、計画案の責任の所在が曖昧だったことに端を発している。加えて、再コンペでは、「デザイン・ビルド式」という設計者と施工者をセットで競わせる方式を採用したために、多くの意欲的な建築家たちは、またしても参加できなかった。二年間近くこのプロジェクトに関わり、多くの知見をもつザハが参加できなかったことには、違和感しかない。

結果、A案とB案というふたつのエントリー（両案ともに短時間にまとめたとは思えないほど、緻密に練りこまれていた）しかなく、隈《くま》研吾建築都市設計事務所・大成建設・梓設計の共同企業体が勝利した。ザハ・ハディドからしたら、まったく納得のいかないことだっただろう。前代未聞の白紙撤回。二〇一六年四月、突然ザハの訃報が舞い込んできた。世界は真に独創的な建築家をひとり失った。彼女の無念を思うと複雑である。けれども、後戻りできないいま、とにもかくにも、先に述べたように、予算内で夢のある立派なスタジアムを東京につくってもらいたいと考える。

いや、もしくは、安倍首相がザハ案を一度「白紙撤回」したことを思えば、まだまだ東北の震災復興が進まないことも考慮して、むしろ「オリンピック返上」という英断を下すことは、やはり期待しすぎだろうか。

巨大建築の「原っぱ」的な使われ方

建築が都市の風景をつくり上げていることは、間違いない。いろんな種類の建築が混在した風景があっていい。屋根が開閉するスカイドームで幼い頃に感動したように、あるいは、あのオールド・トラフォードの大観衆の熱狂で心動かされたように、一度に何万ものひとを収容し、同時にスポーツを観戦すること（もちろん、ロックバンドのライブ体験であってもかまわない）は、巨大建築にしかできない大事な建築の可能性である。インターネットで無限に世界とヴァーチャルにつながることができるようになったいまこそ、実際に同じ場所に多くのひとが集うことには、大きな意味がある。

都市のなかに密集して生活するようになって、小さいものから大きいものまで建築の規模は、そこで行われる機能を左右する。大は小を兼ねることがある。災害時の緊急避難所など、空間が大きいからできることは多い。ローマの中心に二千年近く前に建設された《コロッセオ》は、一万人以上が観戦できる円形闘技場として建設されるも、時代とともに採石場や死刑執行場などその用途を変え続け、いまでは歴史を伝える観光名所になっている。

アメリカのスタジアムでは、野球をやっていないときにグラウンドをレンタルしてパーティができたり、外野の席でバーベキューができたりといろんなサービスを提供している。このようにさまざまな機能が交差する巨大建築の「原っぱ」的な使われ方も含めて、「また来たい」と思うような体験が提供できるような新しい利用法や、維持・運営方法を、これから創造的に考えていく必要がある。

第十一話

総合芸術としてのライブ空間

WF

音楽には、場所を瞬時に変容させる魔法のような力がある。ミュージシャンが音楽を奏で、オーディエンスがそれに反応し、自然と踊り出す。そうなると、ホールには不思議な一体感がうまれ、祝福に満ちた多幸感に包まれる。ＣＤが売れなくなったいま、ライブの価値はよりいっそう大きくなってくるだろう。

どこにでもありそうな街

音楽は、決して耳だけで聴くものではない。音楽が空気の振動であり、一つひとつの毛穴から身体全体を通した皮膚感覚の総体としてたしかに知覚され、心に迫ってくることを実感したのは、舞台デザインとプロジェクション・マッピングのためのドローイングを提供したASIAN KUNG-FU GENERATION（通称：アジカン）の『Wonder Future』全国ツアーの沖縄での千秋楽のときだった。

すべては、東京の青山にある「ときの忘れもの」画廊で開催していた新作展に、ヴォーカルの後藤正文さんが来てくれたことからはじまった。二〇一四年秋のことである。当時、新しいアルバムの製作中だった後藤さんは、私にその新しいアルバムを「架空の街」をイメージしながらつくっていることや、憧れのロックバンドFoo Fighters《フー ファイターズ》の個人スタジオでその音源を収録する予定であることなど、楽しく語ってくれた。そして、目の前の私の作品を指差しながら、おもむろに、こう言った。

「来年の全国ツアーでは、こんな感じの〝どこにもありそうでない街〟のなかで歌ってみたいと思ってるんです。ステージデザインやってもらえませんか」、と。

具体的にどのようにすればいいのかその瞬間は、まったくイメージできなかったものの、とにかく面白そうだし、絶対やってみたい、という直感があり、二つ返事で引き受けた。自分でもどうなるかわからない、はじめてのプロジェクトというものは、いつだってわくわくし、想像力を強く駆動《くどう》させる。

快諾したのはいいものの、よくよく考えてみると普段は設計した空間がなるべく永く生きながらえてほしくて建築をつくっているのに、今回の舞台デザインというものは、その正反対。全国津々浦々大型トラックで移動しながら、毎回組み上げられては解体するという仮設的なものである。つまり、短い命の空間であるということが私を悩ませた。

しかし、肝心なのは建築がずっとそこにあるかないかではなく、イメージしたその空間が、ライブを体験した人々の記憶に深く残るような特別な公演となるための最高のステージを用意することだと思い直し、早速スケッチブックを開いて、模索しはじめた。

空気の振動としての音楽

洞窟に住んでいたような古代の祖先たちは、祭りのときに焚火《たきび》の周りを歌いながら踊っていただろう。目に見えないビートとメロディの音楽は、その奏でられる環境に大きく影響されながら人々の体験として記憶に残っていく。むしろ音楽体験と空間は、切っても切り離せないほど、互いに関わりあっている。音楽によって空間が変容し、空間によって音楽が鳴り響く。つまり、強い互換性がある。事実、音楽によって振動している空気の器が、環境そのものを振動させるのだから、空間こそ大きな楽器といえる。

しかし、録音技術が進化し、音楽をレコードやＣＤ、あるいはデータとして空間から切り離し、独立させてしまった故に、音楽における場所性がすっかり希薄になってしまった。空気が振動する音楽としては、それがどのような場所で、だれに向かって奏でられたのかは大切なこと。空気の振動としての音楽は、耳を介して鼓膜に伝わり、電気シグナルとなって脳まで届くのだが、その振動は決して鼓膜だけが受容体とは思えない。われわれの身体全体を覆っている皮膚にしか知覚できない周波数の音波もあるだろうし、そうしたものの総体として、音楽を聴くのであれば、視覚情報も含む五感としての音楽が奏でられている場所（空間）もまた大事なプレーヤーのひとりだと考えられないだろうか。

あらためて後藤さんに会うと、デビュー当初からアルバムジャケットを描いてもらっていたイラストレーターの中村佑介さんによるイラストではなく、今回のジャケットは、真っ白にするという。結成十九年目にして、アジカンの音楽をいま一度リスタートさせようという強いコンセプトに、彼らのロックバンドとしての新しい挑戦を感じ、再度「架空の街のなかで演奏してみたい」とオファーをいただいた。

まず、最初に思い浮かべたのが一九六九年にビートルズが自分たちのレコード会社であるアップル・レコードの屋上で行った最後のコンサート。ビートルズ解散前の最後の映像作品となった伝説的なクリップ《ルーフトップ・コンサート》は、ロンドンのビルの屋上でビートルズがゲリラ的に演奏するというものだった。ジョン・レノンとポール・マッカートニー、ジョージ・ハリスンにリンゴ・スターという類稀《たぐいまれ》な個性がぶつかり合いながらも融合し、寒いイギリスの冬空の下、世界を魅了する奇跡のような音楽をうみ出していく。それも、なんの変哲もないビルの屋上からである。

動的なステージにするための仕掛け

私は最初に、アジカンメンバー四人とサポートメンバーのために合計五つの高さの異なる白い立方体のステージを、ビルの屋上と見立てて設計した。さらに背景には、奥行きのある構成でタワー群をデザインした。白いアルバムジャケットのコンセプトを共有し、どこにもない、しかし同時にどこにでもありそうなビル群ということをイメージして舞台を

舞台デザインの模型

設計した。マンハッタンやロンドンなど具体的なビルのシルエットは引用せず、抽象的な風景を立ち上げることに専念したのは、動的なステージにするための仕掛けである。はっきりとした左右対称なデザインを避けることであまり強い中心性をもたず、都市のなかで音楽を奏でているシャープなイメージを強調したかったからである。

楽曲ごとに七変化する舞台

次に、具体的な『Wonder Future』のアルバムに収録された楽曲に合わせたドローイングを制作した。先に述べたように、アメリカのロサンゼルスにあるFoo Fightersの自家用スタジオで録音された出来立てホヤホヤの音源を

『Wonder Future』のためにに描いたドローイング

いち早くいただき、毎晩それを聴き込んだ。

これまで音楽に造形を与えようとした試みはたくさんある。とくに、ニューヨークの《グッゲンハイム美術館》がコレクションするワシリー・カンディンスキー（一八六六〜一九四四）による《コンポジションⅧ》は、音楽を線や円などの図形と淡い色使いで表現した美しい抽象絵画である。カンディンスキーは、ベートーベンなどのクラシック音楽に対して、直接、造形を与えようとした。それに対し、私は、アジカンのロックなビートで、感情に訴えかけるような音楽から浮かぶ心象風景を紙に描き起こしていった。つまり、音楽によって突き動かされた感情を街の風景に一度変換し、無心になってペンを走らせた。

白い画用紙には、架空の街がドンドン出現し、アジカンの音楽によって紡《つむ》ぎ出された幻想都市風景が建ち上がる。それは、音楽がもってくる純粋な感動に対して、なるべく忠実に自分というフィルターを介して形や色を与えていく作業である。新しく描かれた風景がプロジェクターによって大きく引き伸ばされたイメージを目にしたひとたちにも、アジカンの音楽によって私のなかにうまれた感動が同じようにして伝達されることを望みながら、描いていった。

全国ツアー開幕二カ月ほど前に、私は何枚かのドローイングと舞台の模型を見せながら、ステージの演出や映像、照明についてチームスタッフみんなと打ち合わせをした。メンバーからは、互いの目線がちゃんと通ることを確認されたこと以外は、注文がつかなかった。

私の描いたドローイングは、新譜の曲を中心にプロジェクション・マッピングし、その他の曲にはデジタルな映像を使うことで、より振れ幅のある演出をイメージしてつくり上げていった。舞台に建ち上がる白い塔たちは、まっさらの「キャンバス」として機能し、楽曲ごとに七変化《しちへんげ》していく。手描きのドローイングのタッチのみならず、レンガやコンクリートのような素材をプロジェクションしたり、奥行きをさらにうみ出すような連続フレ

プロジェクション・マッピング

ームのデジタルなヴィジュアル・デザインのアイデアなどを映像監督の鶴岡雅浩《まさひろ》さんと相談しながら空間づくりを進めていく。

五感のすべてで堪能する

今回のデザインの課題のひとつは、照明とのバランスだった。プロジェクション・マッピングというのは、いうなれば照明であり、そこにスポットライトなどの照明を加えると互いのよさを打ち消し合ってしまう場面も、はじめてのリハーサルの際には多々あった。それぞれ照明の強弱を幾度となく調整しながら、マッピングされた映像とステージの照明が最高の塩梅《あんばい》になるまで試行錯誤が続いた。最高の技術者と、情熱をもって仕事に取り組むプロフェッショナルなチームメイトがいたので、素晴らしいステージが形づくられていった。曲によっては、照明をほとんどつけないでマッピングだけにしたり、逆にストロボなども駆使した照明だけの曲も間に挟むことで、舞台装置としての物質的な面白さの追求もしたりしながら、ついに全国ツアーは、埼玉の戸田市文化会館からスタートした。

いままでアジカンは、無骨なまでに舞台上にアンプやスピーカーなどを置くだけで演奏するストイックな演奏スタイルを一貫してとってきた。会場が観客席のある広い音楽ホールであったとしても、密集したライブハウスでのライブのような音楽を奏でることをいつも最優先してきた。がしかし、今回は一転してモニターなどの機材類はすべてバックステージに配置して見せずに、演劇的な舞台装置をつくり上げた。メンバーがオン・ステージになってから退場するまで、最初から最後まで綿密に演出されたエンターテインメントとしての新しいアジカンのロックな世界観がファンに披露されたのだ。私は、このステージデザインとプロジェクション・マッピングによって、彼ら自身もミュージシャンとして身体的に高揚し、最高の音を鳴らしてファンを魅了するパフォーマンスをしてくれることを願った。

初日の幕が開いてみると、二〇〇〇人近いオーディエンスの拍手喝采と曲ごとのざわめきが聞こえ、なにかが彼らに伝達されているというたしかな手応えらしきものがあり、ホッと胸をなでおろす。なによりメンバーがみんな楽しそうに演奏している姿を間近で見て、音楽を奏でる純粋な喜びがひしひしと伝わってきた。感情を揺さぶるような衝撃とともに、いつまでも終わってほしくないと思う、時間の儚さを感じた。なにごとも「動き続ける」というメッセージ。

音楽という時間芸術の最大の魅力のひとつは、時間というものが自在に伸び縮みすること。つまり、いまを生きる喜びの感覚が芽生え、透明な生命力が与えられる。自分だけの時間の流れ方を体験すると言い換えてもよい。オーディエンスのみんなは、アジカンのパフォーマンスによって表現された総合芸術としての贈りものを自らが受け取っていく。浴びるように音楽に身をまかせ、自然と身体が動き出す。だれもがつい踊り出してしまい、五感のすべてでライブを堪能する。そのとき、音楽の奏でられた場所が振動する空気の器として、目に入るヴィジュアル・イメージと共にライブ体験が忘れられない思い出となる。

芸術が提供できる最大の贈りもの

二〇〇〇人以上もの観衆が空間に溶け込むようにして一体となって盛り上がることは、じつに爽快だ。この音楽と空間による多幸感が、自分の心を動かす大切なものとして自覚された途端、同じように魂を揺さぶられるような浮遊感が他人《ひと》にも宿ることを感じられるようになる。ものすごい数のひとが同時にホールのなかでステージに目を向けて、ライブを体感するという行為には、同時に同じ場所で、同じ音楽と空間体験をしているようで、厳密には、だれひとりとしてまったく同一の体験などしていない。

みんな席が違い、見えている映像も違えば、聞こえてくる音も少しずつ違っている。この似ているようで違う、それぞれの身体感覚で感じた、それぞれ固有な体験を、多くのひとと共有している、音楽を媒介にして混ざり合いながら参加しているという実感は、自分より大きなものの一部になり、そこに属しているという喜びにほかならない。

そして、それが、一人ひとり違っていてもかまわない。それぞれの差異を認め合う。それぞれが感じている温かい一体感は、なにとも比較することのできない、総合芸術としてのライブがつくり出した特別な時間。みんながそれぞれ違っていても、たしかに共有しているなにかをたしかめ合うことは、芸術が提供できる最大の贈りものではないか。一期一会なイリュージョンとしてのライブには、音楽が主役である豊かな世界観が強い共感力をもって立ち上がる。

何度でも再現可能なCDやデータ音源にはない付加価値が、生身のアーティストによるライブには、存在する。北は北海道、南は千秋楽の沖縄まで、全国三〇公演が終わろうとしていたまさにその最終公演のとき、私はアジカンからたしかな祝福としての贈りものを受け取っていた。今回のアルバムが『Wonder Future』という、「驚くべき未来」と題されたことが腑に落ちた瞬間でもあった。アルバムに託された本当の意味が、そのときやっとわかったように思えた。だれも見たことのない、想像もしなかった音楽と空間の融合が、それぞれの興奮と喜びとともに「今、ここ」というたしかな実感を創出する。儚い時間としてのライブが流れていったとしても、あのとき、あの場所で、アジカンの音楽に身を任せて踊ったという経験が、そのあともずっと脳内で再生可能な記憶として刻印されたのだ。

ライブという非日常からエネルギーをおすそ分けしてもらい、観客がそれぞれの日常に戻ったときに、いままでの風景がちょっぴり違って見えてくるような、自分のなかの些細《ささい》な変化を引き受ける。ライブを体験したオーディエンスにとって、それぞれに違った

「驚くべき未来《ワンダーフューチャー》」があるということ。明日からの日常でまた頑張ろう、なにかやってやろう、という誠実なプラスのエネルギーを受け取る幸福な瞬間。それは、毎日を生きる小さな希望の発見ではないかと、沖縄市民会館でアンコールを聴きながら、胸が熱くなっていた。

ワンダーフューチャー
霧の先にどんな未来が待っていたって
もう漕ぎ出してしまったんだな（『Wonder Future』）

と歌う歌詞にも、どこか背中を押されたような気がした。

エピローグ

生命力のある建築

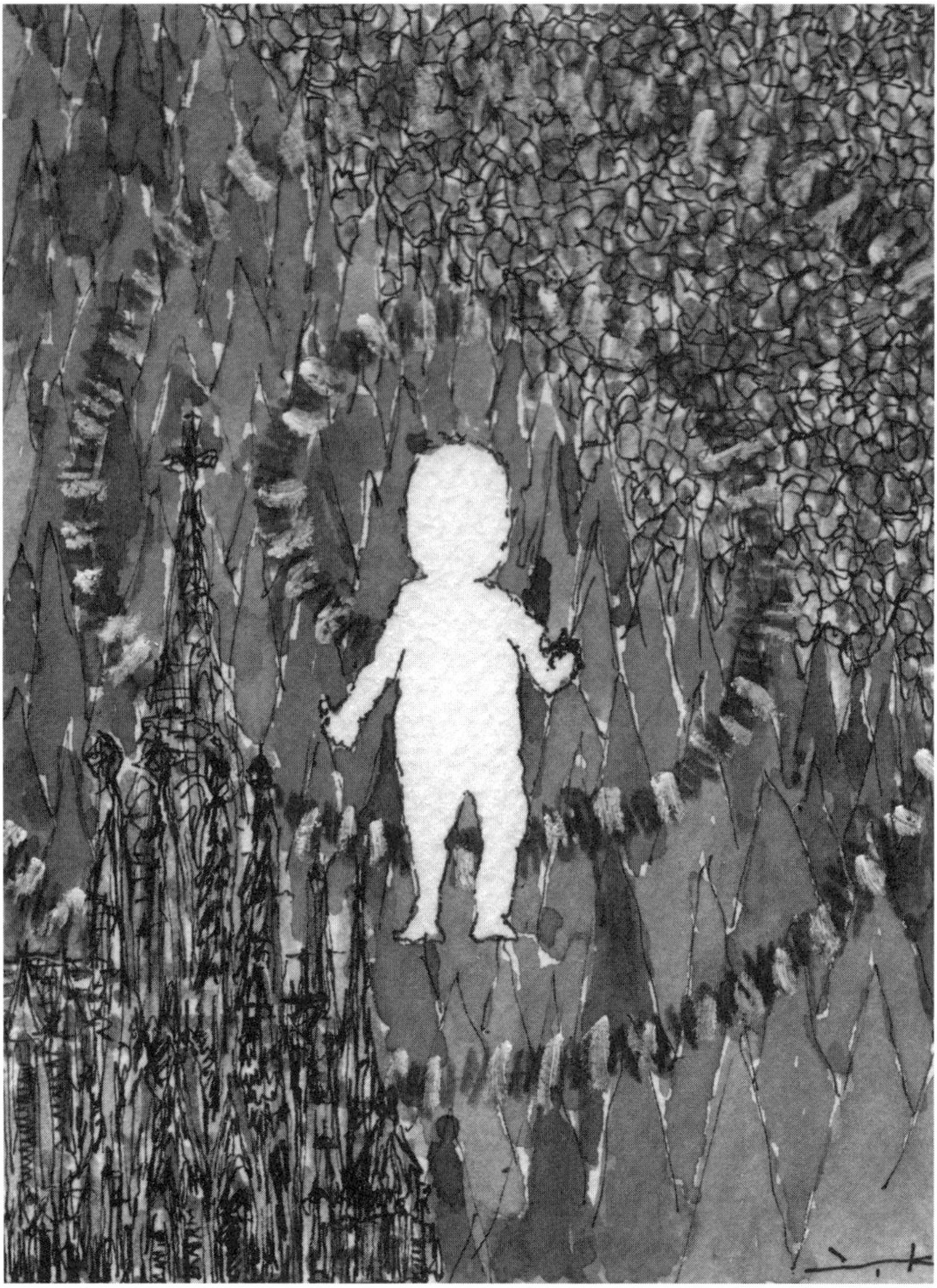

「これからの建築」について、スケッチしながら考えてきた旅も、そろそろ終わろうとしている。脳を中心に中枢的な思考をする人間は、植物のように分散的思考をすることで、わたしたちのなかに眠っている身体的知性を取り戻すことができるのではないか。すると、空間との非言語的対話を介して生命力を受け取ることができるのかもしれない。

人生はじめての○○

昨年末、われわれ夫婦のもとに娘が誕生した。
まだ半年ほどの育児経験だが、親になってみて少しのわかったことと、たくさんのわからないことがある。まだ言葉を発しないわが娘を腕に抱いていると、それでもたしかに通い合う瞬間というものがある。まだ歩いたことのない赤ちゃんの足の裏は、まるで手のひらのように柔らかい。娘との非言語的コミュニケーションは、頭で考える論理や因果関係というものでは到底理解できず、肌感覚から想像するフィーリングのようなもの。つまり、身体的に、われわれ親子は意思疎通している。

言葉をもたない娘とともに時間を過ごしていると、あらゆることが予測不能となる。さっきまで、機嫌よくニコニコ笑っていたかと思うと、世界の終わりとばかりに泣き喚《わめ》いたり、楽しく遊んでいたかと思うと、飲んだばかりの母乳を（げっぷをちゃんと出したにもかかわらず）ゲボッと吐いたりする。赤ちゃんには、親の都合や大人の論理は、一切通用しない。

ふと考えてみると、私たち大人が思考し、ひととの関係性をつくるのもすべて「ことば」を介したコミュニケーションであることに気づく。しかし、文字のなかった時代、言葉の体系が確立されていなかった時代というものが人類にもあったはず。もしかしたら、人間の赤ちゃんがあまりにもか弱く、あまりにも未完成の状態で産声をあげるのは、そうしたまだ世界が未分化だった時代、言葉に基づいた論理や時間という概念がそもそもなかった時代のことを追体験しているのではないか。いや、むしろ母親の子宮のなかで、小さな黒い点だった受精卵が十月《とつき》十日《とおか》を経て、誕生することは、人類の壮大な進化を猛スピードでなぞっているのではないかと思うと、妙に奇跡的である。

そして、出産と同時に肺呼吸をはじめ、無防備にも世界にさらけ出された生命は、親をはじめ、周りの多くのひとの手を借りて、ゆっくりと、しかし確実に細胞分裂を繰り返し、成長していく。強い生命力を発しながら。

私は、半年に満たない娘と過ごす時間を通して、生命の不思議をたくさん経験させてもらっている。彼女にとっての「人生はじめての〇〇」は、すべて親としての私の「はじめての〇〇」でもある。彼女がはじめてお風呂に入る、はじめて寝返りを打つ、はじめてお粥《かゆ》を口にする、などそうした行為に立ち会うことで、自分の忘れてしまっている生まれたばかりの体験を不確かながら思い出させてくれているように思えてならない。

期間限定の非言語的コミュニケーション

あらゆる経済活動が「交換」に基づいて成り立っているように、私たちは骨の髄まで交換することに慣れてしまっている。しかし、子育てには単純な交換は、存在しない。あるいは、数値化可能な交換は存在しないといったほうが正確かもしれない。つまり、娘が言葉を発して、自分の意思で私と会話するようになるまでの数年間は、人類が言葉をもっていなかった時代の姿であると想像してみたい。

赤ちゃんには赤ちゃんなりの感覚があり、心があり、豊かさがあるとしたらどうだろうか。それを感じることができる喜びが、育児の大変さを忘れさせてくれる。予定通りにはいかない、こちらの都合が通用しないなかにあってもなお、娘と時間と空間を共有することで、たしかなやりとりが成立することは、頭では理解できないことであっても、感覚を通して私たちは共感することができる。日々のやりとりを介して私は彼女から強い生命力だけは、確実に受け取っている。

世の中において、多くのことが矛盾をはらみ、決してクリアカットには正解が見つからない。そうした「問い」に対しても、両者が互いのことを尊重し、受け入れることで、なにかを共有することが可能であることを、子育ては図らずも教えてくれている。

娘の誕生は、私の人生においても大きな感覚の変化をもたらした。自分中心に回っていた世界が、制御不能なもっと複雑でたくさんのファクターによって大きく動いていると実感するようになった。結婚する前は、自分のことだけを考えて生活していたのに対して、(言葉が通じると思っている) 妻の存在が夫婦としての時間をつくり、子どもが誕生するとそこに期間限定の非言語的コミュニケーションがスタートする。すると、ひとり暮らしだと料理することもときに億劫《おっくう》だったが、家族のためだと楽しくなってくる。部屋を掃除するのも、自分の心地よさのためだけであれば、ちょっとさぼって部屋が汚れたとしても気にならないが、妻や子のためだと、俄然《がぜん》張り切ってしまう自分がいる。

そのようにして、自分を超えて、家族という単位でものごとを考えるようになると、時間に対する射程が自ずと広がっていく。自分がただ単に五十歳になることを想像するのは難しかったが、娘が中学生になることをイメージしたら、そのときが自分の五十歳の姿でもあると思うと、一気にリアリティをもちはじめる。

「生命力のある建築」

いささか強引だが、このような変化は、そのまま建築についても当てはまるように思う。建築もまた、赤ちゃん同様に人間と同じ言葉を発することは、もちろん、ない。でも、空間がもし生命力をもっていたら、言葉を発することができたら、このように語りかけてくるのではないかと想像することは必ずできる。

この本のなかで、終始心がけていたのがそうした「空間と対話する」ことである。夏目漱石が『吾輩は猫である』のなかで、猫を擬人化したように、「もしも建物が話せたら」（二〇一四年、ヴィム・ヴェンダース監修のもと、同じタイトルの素晴らしい映画があった）と考えると、空間と言葉には、大きな可能性が開かれている。

なにもそれは、設計を仕事にする建築家の特権ではなく、日々建築のなかで仕事をし、生活をしているだれにとっても開拓し得る行為ではないだろうか。空間と対話することで、自分の身の回りの空間に対するセンサーが敏感になり、自ずと自らの環境に対して思考するようになる。この非言語的コミュニケーションが、私にこの本を書かせたといっても過言ではない。

私が五年ほど前から内田樹師範の下で合気道をはじめたことも大きく影響している。見えないものへの想像力を開拓する身体感覚こそ、私たちの生命力を高める術《すべ》だと思うようになった。他人と比較考量せず、自分の感覚を研ぎ澄ますことが生き延びる力を獲得する。空間と対話することも、そうした身体感覚を基準にしたい。

この本を書き始めて三年近く経過し、自分自身が日々変化し続ける実感を伴いながらも、わからない建築に対してひとつの結論らしきものをここに書こうとすると、「生命力のある建築」が、これからの建築にとって大きな可能性があると私は、いま考えている。

それを説明しようとすると、まだ言葉という手段をもたない赤ちゃんと対話するように、身の回りの空間から生き生きしたシグナルを感じるときが、その空間の豊かさであると思っている。生き生きしている空間とは、先に述べた自分の身体感覚でしか知覚できない固有なもの。どこか包み込まれるような空間。空気の肌理が細かい空間には、どこかふわふわした得体のしれない浮遊感があり、心を高揚させるもの。落ち着きのある空間に溶け合うように身体がフィットしたとき、自分のなかに気が通る感覚があり、それこそが「生命力」の証だと考えている。

御燈祭

今年の二月六日に和歌山県新宮市にて、特別な体験をした。敬愛する写真家の鈴木理策さんに誘われて、御燈祭《おとうまつり》に参加したときのこと。白装束を身にまとい、腰には荒縄を五重に巻き、松明《たいまつ》をもって、熊野速玉《はやたま》大社から阿須賀神社、妙心寺と巡拝し、目的地である神倉神社へ向かった。夕暮れの神倉山を登り、真っ暗に陽が落ちてから、山頂で起こした聖なる火をいただいて下山する。この神秘的な体験を通して、圧倒的な生命力を感じた。

何百人もの男たちが、寒い冬空のもと、御神体であるゴトビキ岩からたしかなエネルギーをヒシヒシと背中に感じながら、松明の火だけで日常の世界に向けて神倉山を駆け下りる。恐ろしいほどに熱い火をそれぞれが列をなして下りていく姿が「下り竜」と称される所以《ゆえん》。

霊的としか言いようがない、生命力溢れる瞬間がそこにあった。こうして祭りのような非日常によって獲得された生命力は、きっと建築のなかにも違った形で宿るのではないか。というか、このとき神倉山で感じたエネルギーは、少なくとも私にとっては、息を呑《の》むほどの名建築のなかで体験するそれと酷似していた。

たとえば、カタルーニャの世界的建築家アントニ・ガウディ（一八五二〜一九二六）の建築がそうだ。

《サグラダ・ファミリア》を一度でも体験した者は、あの圧倒的な建築の力の前に言葉を失ってしまう。ガウディは、丁寧な考察から導き出された重力や自然界の法則を建築の手本として、美しく濃密な空間をつくりあげた。言葉による説明不要な建築の強度。

異物を含む雑多なものを同居する強さが、そこには備わっている。なにかを排除するのではなく、受け入れながら純化することで調和するような複雑な空間。なにかを「生成」させる自然界の力を内包した豊かな空間には動きがあり、そこに身を置くと、ゾクゾクと直感するものがある。それは不可視なものであり、計量することができない。しかし、それこそが生命力のある建築のひとつのサンプルではないか。霊的なまでに強いエネルギーを放つ建築は、一歩その空間に足を踏み入れた瞬間に、身体感覚として受信するしかない類《たぐい》のものである。

「生命力のある建築」について考えるようになったもうひとつのきっかけは、アメリカの植物生理学者であるステファノ・マンクーゾとサイエンス・ライターのアレッサンドラ・ヴィオラが書いた『植物は〈知性〉をもっている』（NHK出版）という書物との出逢いがある。タイトルがずばりこの本の内容を説明してくれているのだが、まさに植物にも、われわれを驚かす知性がたしかに備わっていることが、次々と披露されていく。

植物が音を聴くことができることから聴覚の存在を明らかにし、続けて「植物は目がなくても見ることができ、舌がなくても味わうことができ、鼻がないのににおいを嗅ぎ、おまけに胃がないのに消化することができる」（同右）といった具合に植物が、あらゆる感覚を持ち合わせている事実を解き明かしてくれる。

そして、感覚をはじめとする知性をもっている「植物は周囲の環境から信号を受け取り、手

御燈祭

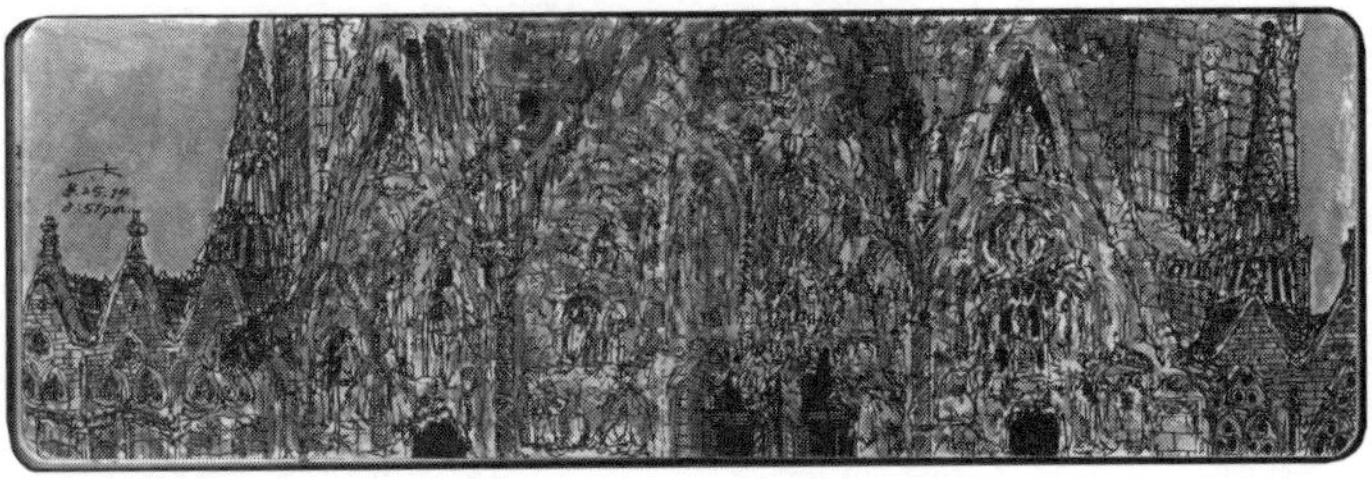

サグラダ・ファミリアのスケッチと写真

に入れた情報を分析し、自分の生存に必要な解決策を導き出すことができる」（同右）と述べて、植物がもつ生命力の本質を鮮やかにつく。

では、脳を中枢的につかって考える人間もまた周囲の環境、つまり自分が身を置く空間と多角的に接続し、生命力という信号を受け取ることができるのではないか。分散的に思考する植物のように、多様なシグナルを手掛かりに自分たちの生存に必要な解決策を導き出せると考えられないだろうか。むろん、科学的エビデンスを示すことは困難だが、建築だって、かつては生命をもっていた植物（木材）、あるいは地球（土や鉱物）からできている。空間にも知性があると想像してみると、生命力のある建築には、希望がある。

たくさんのヒントらしきもの

この本のなかで、住宅から学校、美術館、駅やビル、橋にスタジアム、ホールと、さまざまなビルディングタイプにおける空間の魅力について考えてきた。そのときに、建築空間が放つ時間軸や、それを感じる身体感覚を頼りに言語化を試みた。それぞれが、生命力のある建築のひとつの有り様だと考える。

では、具体的にいかにして生命力のある建築がつくり得るかについては、正直まだ、わからない。いかなる場所にも、どんな建物にも通用する魔法のようなルールなど、存在しない。

しかしながら、たくさんのヒントらしきものは、見つかったように思う。動きのある空間や時間を超えて共有可能な空間、ひととは代用できない自分だけの物語が定着した空間、多様な行為を自ら発見できる余白のような空間、弱い者に優しい空間など、これまでの経験を多角的に考察した軌跡が、この一冊に綴られている。

こうした試行錯誤が、空間と言葉の可能性を少しでも拡張し、わからない建築からの無関心を少しでも解消し、より建築を身近に感じるきっかけを与えることができれば、なにより幸いである。そのためには、いま一度深く深呼吸をし、自分の身の回りの建築を心の目で見てもらいたい。空間が発する声を皮膚感覚として植物的に感じてもらいたい。空間と呼吸を合わせて、その空間を自分のものにする。ちょっとした気持ちのもちようで、まったく新しい風景が目の前に広がっているはずだ。空間が変われば、自分も変わり、自分が変われば、空間もまた変わる。つまり、世界の見え方がガラッと変わるのだ。建築には、それだけの生命力があり、知性がある。

また、プロローグに書いたように、ここに収められた文章の断片が「ひとりの建築家のマニフェスト」となって、私の建築家としての道標《みちしるべ》になってくれるだろう。まだまだわからないことばかりだが、引き続き太陽を必要とする旅のスケッチと、太陽を必要としない創作のためのスケッチを、これからも描き続けることで、わかるという小さな実感を少しずつ重ねたい。そのような強い決意とともに、ひとまず筆を措《お》かせてもらいたい。

最後にこの本を一緒につくってくれた三島邦弘さんには、いくら感謝してもしきれない。三島さんは、合気道の兄弟子でもあり、凱風館ではじめて出逢ったときから、出版と建築で分野は違えど、勝手に「同志」だと思っている。いつも圧倒的熱量で、規格外の球を投げかけてきて、背中を押してもらっている。彼がいてくれたからこそ、「入魂」の一冊がここに、完成した。

また、妻の春菜と娘の結衣（私の膝の上にちょこんと座るのが定位置となりつつある）にも、いつも近くで支えてもらっており、私のインスピレーションになってくれていることに、心から感謝の気持ちを伝えたい。ありがとう。

神戸にて　光嶋裕介

装画・本文スケッチ・写真：著者（５３、１７７ページを除く）

光嶋裕介（こうしま・ゆうすけ）

建築家。一級建築士。1979年、アメリカ、ニュージャージー州生まれ。8歳までアメリカで育ち、中学卒業まで日本とカナダ、イギリスで過ごす。1995年、単身帰国し、早稲田大学本庄高等学院に入学。2002年、早稲田大学理工学部建築学科を卒業し、大学院は石山修武研究室へ。2004年、大学院修了とともにドイツの建築設計事務所で働き、ベルリンで暮らす。2008年に帰国し、光嶋裕介建築設計事務所を開設。2010年、思想家の内田樹氏の自宅兼道場（合気道）の設計を依頼され、翌2011年、建築家としての処女作、《凱風館（がいふうかん）》を神戸に完成。SDレビュー2011に入選。主な作品に《レッドブル・ジャパン・本社オフィス（青山、2012）》、《如風庵（六甲、2014）》、《旅人庵（京都、2015）》など。著書に『みんなの家。～建築家一年生の初仕事』（アルテスパブリッシング）、『建築武者修行～放課後のベルリン』（イースト・プレス）など多数。2012～15年まで、首都大学東京にて助教をつとめ、現在は神戸大学にて、客員准教授。

これからの建築　スケッチしながら考えた

2016年9月28日　初版第一刷発行

著者　光嶋裕介

発行者　三島邦弘
発行所　（株）ミシマ社
　　　　152-0035 東京都目黒区自由が丘2-6-13
電　話　03-3724-5616
F A X　03-3724-5618
e-mail　hatena@mishimasha.com
U R L　http://www.mishimasha.com/
振　替　00160-1-372976

ブックデザイン　尾原史和（SOUP DESIGN）
印刷・製本　（株）シナノ
組版　（有）エヴリ・シンク

ISBN　978-4-903908-82-3

好評既刊

トドマツで、建てる
――林業と建築をつなぐ「やわらかな木造オフィス」
トドマツ建築プロジェクト 編

森林、環境、ビジネス…すべてをつなぐ鍵がここに

未来を先取りした挑戦を丹念に取材した一冊。

発行：トドマツ建築プロジェクト
発売：ミシマ社

IISBN978-4-903908-66-3　2500円

何度でもオールライトと歌え
後藤正文

俺たちの時代で、断絶を起こしたくない

人気バンドのボーカルの域を越え、作家として魅せた、爆笑・絶妙の名エッセイと、これからの10年を牽引するオピニオンが響き合う一冊。

ISBN978-4-903908-75-5　1500円

映画を撮りながら考えたこと
是枝裕和

表現活動にかかわるすべての人たちへ贈る

全作品を振り返り、探った、「この時代に表現しつづける」。その方法と技術、困難、そして可能性。構想8年の決定版。

ISBN978-4-903908-76-2　2400円

（価格税別）